FAMÍLIA, SOCIOEDUCAÇÃO E PROJETO "GOLFINHOS"

uma construção coletiva

Editora Appris Ltda.
2.ª Edição - Copyright© 2024 da autora
Direitos de Edição Reservados à Editora Appris Ltda.

Nenhuma parte desta obra poderá ser utilizada indevidamente, sem estar de acordo com a Lei nº 9.610/98. Se incorreções forem encontradas, serão de exclusiva responsabilidade de seus organizadores. Foi realizado o Depósito Legal na Fundação Biblioteca Nacional, de acordo com as Leis nos 10.994, de 14/12/2004, e 12.192, de 14/01/2010.

Catalogação na Fonte
Elaborado por: Dayanne Leal Souza
Bibliotecária CRB 9/2162

S586f 2024	Silva, Maria Tereza Azevedo Família, socioeducação e Projeto "Golfinhos": uma construção coletiva / Maria Tereza Azevedo Silva. – 2. ed. – Curitiba: Appris, 2024. 206 p. : il. color. ; 21 cm. Inclui referências. ISBN 978-65-250-6210-5 1. Educação. 2. Socioeducação. 3. Políticas públicas. I. Silva, Maria Tereza Azevedo. II. Título. III. Série. CDD – 370.7

Livro de acordo com a normalização técnica da ABNT

Appris editora

Editora e Livraria Appris Ltda.
Av. Manoel Ribas, 2265 – Mercês
Curitiba/PR – CEP: 80810-002
Tel. (41) 3156 - 4731
www.editoraappris.com.br

Printed in Brazil
Impresso no Brasil

Maria Tereza Azevedo Silva

FAMÍLIA, SOCIOEDUCAÇÃO E PROJETO "GOLFINHOS"

uma construção coletiva

Appris
editora

Curitiba - PR
2024

FICHA TÉCNICA

EDITORIAL
Augusto Coelho
Sara C. de Andrade Coelho

COMITÊ EDITORIAL
Ana El Achkar (UNIVERSO/RJ)
Andréa Barbosa Gouveia (UFPR)
Conrado Moreira Mendes (PUC-MG)
Eliete Correia dos Santos (UEPB)
Fabiano Santos (UERJ/IESP)
Francinete Fernandes de Sousa (UEPB)
Francisco Carlos Duarte (PUCPR)
Francisco de Assis (Fiam-Faam, SP, Brasil)
Jacques de Lima Ferreira (UP)
Juliana Reichert Assunção Tonelli (UEL)
Maria Aparecida Barbosa (USP)
Maria Helena Zamora (PUC-Rio)
Maria Margarida de Andrade (Umack)
Marilda Aparecida Behrens (PUCPR)
Marli Caetano
Roque Ismael da Costa Güllich (UFFS)
Toni Reis (UFPR)
Valdomiro de Oliveira (UFPR)
Valério Brusamolin (IFPR)

PRODUÇÃO EDITORIAL
Anderson Sczuvetz da Silveira & Fernando Nishijima

REVISÃO
Patrícia Gaier Martins

DIAGRAMAÇÃO
Thamires Santos

CAPA
Maria Rosa Gebara Ganem

REVISÃO DE PROVA
Renata Cristina Lopes Miccelli

COMITÊ CIENTÍFICO DA COLEÇÃO PSI

DIREÇÃO CIENTÍFICA
Junia de Vilhena

CONSULTORES
Ana Cleide Guedes Moreira (UFPA)
Betty Fuks (Univ. Veiga de Almeida)
Edson Luiz Andre de Souza (UFRGS)
Henrique Figueiredo Carneiro (UFPE)
Joana de Vilhena Novaes (UVA |LIPIS/PUC)
Maria Helena Zamora (PUC-Rio)
Nadja Pinheiro (UFPR)
Paulo Endo (USP)
Sergio Gouvea Franco (FAAP)

INTERNACIONAIS
Catherine Desprats - Péquignot (Université Denis-Diderot Paris 7)
Eduardo Santos (Univ. Coimbra)
Marta Gerez Ambertín (Universidad Católica de Santiago del Estero)
Celine Masson (Université Denis Diderot-Paris 7)

*A Roberto (in memoriam) e Octávio (in memoriam), meu
pai e meu irmão, que me ensinaram a ter determinação,
persistência e resiliência para alcançar meus objetivos. Amigos
e companheiros de toda uma vida, sempre em meu coração.*

AGRADECIMENTOS

Ao Ramildo de Araújo Silva, companheiro de todos os momentos, pelo apoio e compreensão à dedicação aos meus estudos e investimentos no campo da Psicologia e da Socioeducação.

Aos meus pais e familiares, que são fonte do meu acreditar na força da família.

À Maria Helena Navas Zamora, com quem tive a oportunidade de aprender muitos saberes de enorme valor, da Psicologia e do ser humano, conhecimento, ética, experiência, força, compreensão, solidariedade e direitos humanos, um agradecimento especial.

Às professoras Irandi Pereira e Maria Claudia Oliveira, que, por meio de sua dedicação à socioeducação e ao Sistema de Garantia de Direitos, fortalecem-me em acreditar num mundo melhor.

Aos profissionais, funcionários do Degase, aos psicólogos companheiros de profissão e aos companheiros da socioeducação e estagiários, que sempre apoiaram e investiram em ações éticas, que trilham comigo e trabalham, arduamente, na missão socioeducativa, a todos aqueles que se dedicam às famílias no cotidiano institucional, especialmente à Raimunda Pereira Leite, Luis Ernesto Lopes Rios, Elizabete Costa Marques, Elis Regina Lopes e Thereza Cristina Nunes.

E, com muito carinho, agradeço às famílias e aos adolescentes que produziram um sentido especial ao meu percurso institucional.

Cada ser humano nasce com um potencial e tem direito a desenvolvê-lo. Mas, para isso acontecer, ele precisa de oportunidades. E as melhores oportunidades são as educativas, que preparam as pessoas para fazerem escolhas. E isso eu chamo de liberdade.

(Antonio Carlos Gomes da Costa, 2004).

APRESENTAÇÃO

Pude acompanhar a gestação deste belo trabalho que, agora, o público tem a oportunidade de conhecer, desde o ano de 2014. Primeiro como projeto de dissertação, com o qual pude contribuir como integrante da banca de qualificação, assim como na defesa do mestrado e, posteriormente, o texto como hoje se encontra. Entre esses momentos, ainda esbarrei com Tereza em sessões de apresentação oral sobre socioeducação, em eventos acadêmicos e profissionais, e constatei o entusiasmo imbatível com o qual falava sobre seu trabalho junto às famílias, no sistema socioeducativo do Rio de Janeiro.

O Projeto Golfinhos é o objeto de quase duas décadas de ativo engajamento pessoal, debate coletivo e alternância entre estratégias de convencimento e impasses, e na atualidade fortalece a tentativa de ver concretizado o direito à visita íntima para adolescentes e jovens que vivem relacionamentos conjugais estáveis e cumprem medida de liberdade restrita, em decorrência do cometimento de ato infracional.

Em relação ao objeto do Projeto Golfinhos, é importante que compreendamos a relação com o direito à visita íntima não apenas como tema relevante na abordagem dos vínculos familiares, mas a partir do qual se pode pensar o imbricamento de inúmeros aspectos que afetam a ação socioeducativa, atuando como possível ponto de contato entre o dentro e o fora do sistema. Esse tema permite pensar os modos como as instituições totais controlam o corpo, os afetos, a saúde mental e as relações daqueles que se encontram tutelados pelo Estado e, ao mesmo tempo, como os corpos juvenis tentam resistir a esse mesmo controle. Nesse sentido, a intimidade pode constituir uma via para o fortalecimento dos vínculos, da autonomia e da liberdade.

Em quase todos os espaços institucionais, inclusive na família e nas escolas, incrivelmente, até os dias atuais, o tema da sexualidade juvenil continua sendo objeto de tabus, moralismo e silêncio. No campo socioeducativo, em particular, o uso libertário do corpo e dos afetos tende a ser entendido como algo contraditório à visão penal, punitiva e repressiva da justiça juvenil, o que pode ajudar a compreender as dificuldades enfrentadas pelo Projeto Golfinhos durante todos esses anos, e mais na atualidade, pela efetiva implantação do direito à visita íntima.

Porém, se concordamos que há mais chances de se chegar a construir futuros possíveis quando nos debruçamos sobre a história passada dos fenômenos, conhecer a história dessa importante iniciativa é a primeira forma de fazê-la frutificar. Espero que este livro contribua para espalhar golfinhos para outros mares!

Maria Cláudia Santos Lopes de Oliveira

ANPEPP – Associação Nacional de Pesquisa e Pós-Graduação em Psicologia
(Gestão 2016-2018)

LABMIS – Laboratório de Psicologia Cultural (Coordenadora)
Programa de Pós-Graduação em Processos de Desenvolvimento Humano e Saúde

Instituto de Psicologia
Universidade de Brasília

PREFÁCIO

Este livro é o relato de mais de 20 anos de experiência de Tereza Azevedo Silva no sistema socioeducativo do Rio de Janeiro, dando ênfase a seu trabalho no atendimento de mães e outros familiares dos adolescentes em conflito com a lei, em diversas inserções e lugares. É o percurso de uma profissional que indaga, o tempo todo, como realmente acolher, ouvir, atender e apoiar, para além do cumprimento das atividades esperadas, do procedimento, dos relatórios, das recomendações, pois o trabalho é sempre bem maior e diferente. Esse foi sempre o caminho do Projeto Golfinhos, que foi construído pela autora, com parceria e apoios.

Sendo eu uma pessoa que ama o mar e seus seres, não pude deixar de perguntar à Tereza por que um projeto tão importante em sua vida tinha esse nome. Os golfinhos – ela me explicou –, assim como nós, são mamíferos gregários, sociáveis, que se organizam e se comunicam de formas complexas para cooperação e para enfrentar suas dificuldades. Como as famílias humanas, eles se agrupam em clãs, reconhecendo seu pertencimento e, assim, aventuram-se pelos mares da vida. Às vezes, o radar que dispõem para a orientação pode não funcionar bem, como nem sempre podemos evitar transtornos, doenças e perigos. Outras vezes, os inimigos humanos ou os tubarões causam a esses inteligentes animais perdas, danos, mortes. Então, nas peles dos que sobrevivem, bem como nos nossos corações e mentes, ficam as marcas, únicas para cada um deles, e que podem permitir a distinção de cada indivíduo, tal como permanecem em nós as lembranças, os traumas, as neuroses – únicos. Como nós, nem sempre os recursos próprios ou do grupo são suficientes para evitar o desastre, o encalhe, a ruína. É quando humanos e golfinhos precisam de quem os ajude, o socorro para a volta ao intenso mundo das águas ou do desafio do viver contemporâneo.

As dificuldades foram muitas nesse caminho. É preciso que se diga que o trabalho no sistema socioeducativo do nosso país carrega, ainda, o peso da herança histórica das instituições totais, a permanência do menorismo e de seus reformatórios, enfim, carrega, de forma latente ou explícita, todo um conjunto de invenções jurídicas, científicas, políticas, discursivas, pedagógicas, religiosas; todo um mundo criado para confirmar uma essência nociva nos meninos e meninas, antes, e mesmo hoje, chamados de *menores*. São os adolescentes em conflito com a lei.

O trabalho com os adolescentes a quem se atribui o cometimento de ato infracional, ainda mais na internação, sente o peso de toda a certeza, ainda presente, de que esses meninos são portadores de uma inadequação congênita, genética, adquirida, que vem de suas famílias imorais, *desestruturadas*, de uma herança reforçada pelo ambiente das favelas, das ruas, da pobreza; que têm uma carga e determinação persistente e irremediável que origina não um ser humano, mas um portador de *sangue ruim*, uma *sementinha do mal*, enfim, alguém que deveria estar nas prisões – a solução final para os pobres que ousam rebelar-se.

O universo da conflitualidade e da infração, da rebeldia e da rebelião, carrega, sabendo disso seus trabalhadores ou não, toda a herança do pensamento do século XIX, ainda muito viva, com todas as suas ideias racistas, todas as formas psicopatológicas de controlar e classificar as crianças e os jovens desviantes, toda a paixão epistemofílica, todas as formas lombrosianas de identificá-los, todas as ficções das identidades e definições pelo negativo, todo olhar de pena, desprezo, ódio, temor. E não há como negar que tudo isso aparece em um mundo institucional que segura, por um triz, um *continuum* de tensões e lutas, e, às vezes, não segura, mas tudo transborda, irrompe, queima, destrói e produz sofrimento.

No entanto, trabalhar no sistema socioeducativo é também construir resistências, como pontes frágeis sob rios caudalosos, como apostar que os vidros do farol não hão de romper-se, apesar da tempestade e do mar revolto. É conhecer pessoas com a mais extraordinária força, quando pensaríamos que ninguém pudesse emergir inteiro de certas experiências. É forjar uma comunicação amorosa com seres que não foram ouvidos nem atendidos, desde sempre, em sua precariedade existencial e cidadã, em seu clamor por justiça. É solidarizar-se com a solidão, é acolher os sentimentos de perda e do fracasso de famílias julgadas e condenadas junto com seus filhos e ajudá-los a ressignificar vivências sombrias e forjar armas para o enfrentamento do intolerável.

Guiada por bases sólidas da Análise Institucional, o livro de Tereza Azevedo Silva procura mostrar os meandros do que está instituído e da invenção instituinte, constituindo o cuidadoso relato de uma prática realmente implicada, que indaga e analisa sua finalidade e ação. A partir de autores da teoria sistêmica e psicanalítica, a psicóloga traz vários casos que foram atendidos, em diferentes épocas. Aqui, eles são trazidos e analisados para que o leitor conheça um pouco mais sobre esses adolescentes, para além dos estereótipos da mídia e dos "perfis" sociais.

O livro traz também reflexões sobre "as marcas", aliás, sobre memória, narrativa e história no contexto do atendimento no sistema, a partir de autores como Maurice Halbwachs e Michael Pollak. Isso é feito com a apresentação de mais casos e da importância do reconhecimento das ressonâncias das memórias, oferecendo para as famílias um ambiente confiável, onde elas possam surgir e serem redimensionadas, abrindo caminhos para que a vida siga, sem indesejáveis e desconhecidas repetições.

O Projeto Golfinhos teve várias interrupções e obstáculos, foi feito e refeito, recriado em várias modalidades de atendimento, em uma abertura para a invenção. Em certa parte de sua história, foi estratégico estender o cuidado com as famílias de origem dos adolescentes para o cuidado com os novos vínculos afetivos e familiares formados por eles. A psicóloga passa a dedicar-se à construção da possibilidade de visita íntima, um direito assegurado, mas ainda não posto em prática na socioeducação e a dialogar com diversos atores do sistema sobre o assunto.

Enquanto a autora desenvolve cada um dos temas, ela também procura por si, pelos rumos de sua carreira, pelas mudanças de vida. Esse foi um desafio posto – e de resto, inerente à etnografia e, mais ainda, à autoetnografia – assumir-se como parte do campo. Pesquisadora implicada, que produziu e produz seu campo de intervenção, sendo uma técnica integrante do sistema socioeducativo e uma das inventoras do Projeto Golfinhos, Tereza renunciou de todo à distância segura da divisão entre sujeito e objeto e colocou-se como parte do problema de pesquisa, das indagações, descobertas, rememorações.

A história descontínua e persistente do Projeto Golfinhos é a história do apostar e fortalecer laços de amor, carinho, cuidado, confiança, gentileza, amizade, apoio e reconhecimento do outro em condições duríssimas. É ter que reexplicar os objetivos do seu trabalho, todo dia, para adolescentes, familiares, gestores, colegas, juízes e para um público maior. Muitas vezes, significou lidar com impasses, fracassos, limitações e, até mesmo, com a dolorosa morte de meninos e, ao atender, misturar sua dor com a dor da família. Cada luta dessas foi lembrada, assim como cada perda, cada vitória e cada conquista, para constituir este livro. Isso o torna importante documento de práticas concretas da socioeducação e de afirmação do Estatuto da Criança e do Adolescente, e, por isso, deve ser preservado e lido com atenção.

A proposta do trabalho aqui retratado é a de construção de um espaço de existência digno desse nome. Ela precisa ser erguida nas famílias, nas escolas, na sociedade, em toda parte, inclusive no sistema socioeducativo. Esse, necessariamente, é um caminho de encontro e aceitação, não sem conflito, não de uma paz adocicada e inerte, mas onde se pode falar e ser ouvido realmente. É um caminho de presença e acolhida, que sabe que compreender não é justificar, mas, nem por isso, confunde responsabilização com violência. Nem por isso, chama de pedido de justiça a crueldade da vingança.

Entretanto, não é esse o caminho que temos seguido no Brasil, um dos países que mais mata suas crianças, adolescentes e jovens no mundo, mais que muitos países em guerra, e que ainda pensa sobre a redução da maioridade penal para eles. Temos optado pela vida-capital mais feroz e por suas formações e instituições sociais mais excludentes, destruindo direitos legítimos. Temos cultivado o ódio, temos feito propaganda dele, temos eleito muitos arautos do ódio. Temos pensado no ódio para resolver impasses muito antigos, injustiças estruturais, que nos envolvem em uma corrente de repetição, que não apenas nada resolve, mas nos deixa atolados no mesmo lugar, cada vez mais frustrados e com mais ódio. Temos sido bons no ódio. O problema é que ele vai matando tudo o mais que somos...

Gosto muito do mar e digo: a travessia é fascinante! Porém, esse amor não me cega e, por isso, advirto: ela é também perigosa! Ela traz um desafio permanente, ela é múltipla, e alegre, e cruel! É por isso mesmo que os golfinhos sabem que nadar juntos é favorável. Mergulhe com os golfinhos de todo tipo no mar aberto deste livro!

Janeiro de 2017

Prof.ª Dr.ª Maria Helena Zamora

PPG da PUC-Rio

LISTA DE ABREVIATURAS E/OU SIGLAS

AIS	Atendimento Individual Sistêmico
CF	Constituição da República Federativa do Brasil
CPM	Ciclo de Palestras Multifamiliar
Degase	Departamento Geral de Ações Socioeducativas
ECA	Estatuto da Criança e do Adolescente
GAM	Grupo de Adolescentes Multifamiliar
GM	Grupo Multifamiliar
GRM	Grupo de Reflexão Multifamiliar
GT	Grupo de Trabalho
IFB	Intervenção Familiar Breve
IMB	Intervenção Multifamiliar Breve
LA	Liberdade Assistida
MSE	Medida Socioeducativa
PNCFC	Plano Nacional de Promoção, Proteção e Defesa do Direito de Crianças e Adolescentes à Convivência Familiar e Comunitária
SINASE	Sistema Nacional de Atendimento Socioeducativo
SL	Semiliberdade
SSE	Sistema Socioeducativo
VI	Visita Íntima

SUMÁRIO

1
INTRODUÇÃO 23

2
CONVERSANDO SOBRE O MÉTODO 27

3
ANÁLISE DE IMPLICAÇÃO E TRABALHO COM FAMÍLIAS NA SOCIOEDUCAÇÃO 35

3.1 | Um pouco sobre Análise Institucional 36
3.2 | O Projeto Golfinhos 47
   3.2.1 | Indagando nosso conceito de família 49
   3.2.2 | Golfinhos: trabalhando com a diferença e desconstruindo a violência 53
   3.2.3 | Contribuições da Terapia Familiar Sistêmica-Construtivista para a construção do Projeto Golfinhos 61
   3.2.4 | Modalidades de atendimento: breves relatos e produções 72
3.3 | Procurando o caminho da socioeducação 87

4
MEMÓRIA DE VIDA E HISTÓRIAS REAIS 95

4.1 | Uma breve abordagem: o adolescente, a instituição e a sociedade 96
4.2 | Estudos acerca da memória individual e memória coletiva 99
4.3 | Memória subterrânea; memória-arquivo e lugares de memória; rastro e testemunho 113

5
FAMÍLIA, AFETO E SEXUALIDADE: VISITA ÍNTIMA, DIREITO A SER ASSEGURADO 149

5.1 | Normativas em torno do direito à visita íntima 150

5.2 | Programa de Saúde e Sexualidade: alguns elementos para a sua construção 161

5.3 | O Grupo de Trabalho: construção interdisciplinar, interinstitucional e intersetorial 168

5.3.1 | O GT para elaborar a implantação da visita íntima: uma construção coletiva 169

5.4 | Indagando nosso conceito de adolescência e sexualidade......... 177

6
CONCLUSÃO 189

REFERÊNCIAS 197

POSFÁCIO 205

1

INTRODUÇÃO

Este livro tem a proposta de empreender uma análise de implicação partindo do trabalho com adolescentes em conflito com a lei e com suas famílias no sistema socioeducativo (SSE) do Rio de Janeiro, em cumprimento de medida socioeducativa (MSE) de internação (privação de liberdade) e internação provisória. Por meio do uso do instrumental da Análise Institucional, a análise de implicação, pretendo mostrar uma trajetória de trabalho dentro do campo da socioeducação, focando na abordagem com as famílias e adolescentes.

Inicialmente, serão abordados os conceitos de implicação e sobreimplicação no campo da Análise Institucional, com contribuições de René Lourau e Gregório Baremblitt. Apresento minha inserção institucional no sistema socioeducativo e aponto para uma reflexão acerca de minha trajetória, na qual assinalo a proposta de trabalho que permeou minha atuação junto aos adolescentes e suas famílias, o Projeto Golfinhos, desenvolvido no órgão que executa, na atualidade, a medida restritiva e privativa de liberdade.

Apresento o desenvolvimento do "Golfinhos": as suas modalidades, com ilustração de relatos de caso e abordagens realizadas; alguns materiais produzidos nos grupos de adolescentes; e falas de adolescentes e familiares. Além disso, aponto para a importância do trabalho com o núcleo familiar do adolescente, sendo esta a principal abordagem do projeto. Percebo que tal foco de atuação com as famílias veio a ser o propulsor de meu interesse no tema da visita íntima, quando participei de um Grupo de Trabalho acerca de sua implantação e comecei a debruçar-me sobre a questão. O tema capturou minha atenção, pois compreendo existir uma articulação dessa temática com a afetividade e convivência familiar, configurando, em minha compreensão, um eixo essencial a ser considerado, o que será abordado posteriormente.

Serão introduzidas, de forma breve, algumas contribuições do pensamento de Walter Benjamin e sua posição acerca das histórias não conhecidas, a "história dos vencidos" que demandam reconhecimento. Apresento apontamentos sobre o conceito de memória, abordando a memória coletiva de Maurice Hallbwachs, a memória subterrânea segundo Michael Pollak, entre outros estudiosos, como Pierre Nora e Jeanne Marie Gagnebin, com suas contribuições, articulando com lembranças e vivências, realidades ocultas em vivências socioinstitucionais, que se entrelaçam com as histórias dos adolescentes e de suas famílias. Com relatos de casos do Projeto Golfinhos, realizo um ensaio dentro dessa temática, do qual estou procurando apropriar-me gradativamente, por entender que existe uma relação deste com meus estudos, assim como acredito poder relacionar com a prática clínica. Procuro articular conceitos acreditando que isso possibilitará uma compreensão mais minuciosa dos problemas e potencialidades das famílias, dos meninos e meninas atendidos. Suas histórias de vida, experiências pessoais e sociofamiliares promovem registros e lembranças que têm uma importância em seu percurso e nas possibilidades de seu desenvolvimento.

Abordarei o tema da Visita Íntima (VI) e apresentarei algumas considerações sobre as bases legais dos direitos sexuais e reprodutivos, que são direitos humanos e reconhecidos por leis nacionais e internacionais. O tema também aponta para a necessidade de uma reflexão sobre corpo, saúde e sexualidade na adolescência. Na Lei n.º 12.594/2012 (Lei do SINASE), são instaurados princípios reguladores para o sistema socioeducativo, em que a visita íntima é garantida como um direito do adolescente em privação de liberdade. Essa iniciativa favorece o investimento na convivência familiar e comunitária desses adolescentes, abrindo possibilidades para o trabalho com as interações familiares, potencializando o trabalho socioeducativo no investimento em relações significativas para o desenvolvimento do adolescente, em seu caminho para a vida adulta. Também abordarei a construção jurídica que embasa a garantia desse direito, articulando a temática da afetividade e a convivência familiar, assim como a importância da construção de um programa de saúde e sexualidade, pré-requisito para a implantação da visita, e assinalarei a proposta de sua implantação a partir da organização interna do órgão responsável pela execução da medida socioeducativa de internação para adolescentes em conflito com a lei, no sistema socioeducativo do Rio de Janeiro, o Departamento Geral de Ações Socioeducativas (Degase), apresentando os conceitos utilizados relativos à adolescência e à sexualidade.

Sublinho, nesta análise, a premência de um alinhamento na política de atenção às famílias no sistema socioeducativo e sua articulação com a efetividade da garantia do direito à visita íntima, na possibilidade da vivência da sexualidade e afetividade dos adolescentes em privação de liberdade, ressaltando a repercussão dessa ação no campo socioeducativo, no cumprimento da medida, de maneira positiva e saudável. Apontarei também algumas contribuições que poderão ser produtivas para demandas existentes, do grande desafio que é a socioeducação. Para tal missão, são necessárias determinação e resiliência, assim como assinala Freire:

> Gosto de ser gente porque, mesmo sabendo que as condições materiais, econômicas, sociais e políticas, culturais e ideológicas em que nos achamos geram quase sempre barreiras de difícil superação para o cumprimento de nossa tarefa histórica de mudar o mundo, sei também que os obstáculos não se eternizam[1].

---

[1] FREIRE, P. **A Pedagogia da Autonomia**: saberes necessários à prática educativa. SP: Paz e Terra, 1996. p. 23.

2

CONVERSANDO SOBRE O MÉTODO

A proposição inicial da pesquisa realizada tinha certo objeto em foco: a visita íntima, a qual estava bem situada, com a proposta do método da pesquisa-intervenção aplicando-se. Esse mesmo percurso permitiu-me perceber que o interesse em VI era uma variação de um mesmo tema, o direito do atendimento à família, o direito à convivência familiar e comunitária e o asseguramento desses direitos, que já vinha em torno de minha atuação em percurso anterior. Realizando a análise de implicação, fiz também um *detour*, que me colocou em outro plano, coexistente com o plano da pesquisa-intervenção em curso.

A pesquisa teve uma etapa de aplicação de questionários e entrevistas com adolescentes, em cumprimento de medida socioeducativa de internação, e com seus familiares, para obtenção de conhecimento da visão e percepção acerca da temática de implantação da visita íntima e suas variáveis dentro do sistema socioeducativo de privação de liberdade do Estado do Rio de Janeiro. A partir do meu percurso institucional, meu interesse voltou-se a tal exigência legal, por compreender ser essa temática relacionada à família, núcleo de grande importância no trabalho socioeducativo, em minha compreensão.

Foram realizadas as aplicações dos questionários com grupos de adolescentes e familiares, tanto em unidade de internação feminina como masculina, e, no transcorrer da construção do trabalho, dentro do território de atuação e pesquisa, outra perspectiva abriu-se, tomando nova dimensão, avolumando-se pelo uso de instrumental da Análise Institucional, a análise de implicação, que apontou para a geração de uma análise de processualidade do trabalho com famílias e de vivências institucionais, no decorrer de 20 anos de prática no campo socioeducativo. Aconteceu, então, um novo caminho inspirado no olhar da autoetnografia e da cartografia. Foi um movimento que se criou no percurso, assim como estar olhando para algo que via e passar a ver algo que não estava vendo; então, passei a ver e a conduzir-me de outra forma. Assim, mudei minha estratégia, e a atenção deu-se com outro foco.

Considerei importante relatar as etapas aqui, para que pessoas acometidas das descobertas a que o campo leva – pessoas implicadas, que querem mudar suas atuações – não se sintam perdidas e possam compreender que podem estar percorrendo um novo caminho, em movimento. Percebi que, dessa experiência, não saio indiferente, pois algo modifica-se em mim, passo a ver algo com muita atenção, que, de alguma forma, estava em segundo plano pela instituição.

Por meio da análise de implicação, apresentei alguns casos atendidos pelo Projeto Golfinhos, desenvolvendo-se uma autoetnografia (ou uma aproximação à autoetnografia), com narrativa da minha trajetória institucional, vivências subjetivas e institucionais, articulando com os movimentos do sistema socioeducativo do Rio de Janeiro, seus impasses, avanços e retrocessos, examinando, na arqueologia do projeto, uma confirmação da proposta inovadora da implantação do direito à visita íntima articulada com a convivência familiar.

Nesse segundo momento, quando a pesquisa tomou novos rumos, foram utilizados registros do Projeto Golfinhos, da participação de pais e familiares, em suas diversas modalidades de atendimento, histórias de adolescentes em cumprimento de medida, que foram acompanhados por mim, assim como a trajetória institucional, no desenvolvimento de ações dentro do sistema, em diferentes gestões.

Na abordagem das contribuições da metodologia participativa, a aproximação à realidade complexa provoca uma abordagem não dualista, não utilizando as dissociações mais comuns, por exemplo, entre natureza e cultura, objetivo e subjetivo, promovendo um questionamento de metodologias tradicionais[2]. Na direção de uma produção de um conhecimento local e transitório, encontra-se a necessidade de uma pluralidade metodológica: "Ou seja, a complexidade é um desafio, que considera o irredutível, o não homogêneo e a imperfeição, conhecendo a realidade através das incertezas, dos problemas e das contradições"[3].

Dentro dessa linha, em uma forma plural no método, em referência à metodologia utilizada para desenvolvimento do estudo desenvolvido, abordarei a presença da autoetnografia, entre outras referências, como pistas cartográficas, que citarei mais adiante. Os estudos de Versiani[4] assinalam que "o conceito de autoetnografia também parece produtivo para a leitura de escritos de sujeitos/autores que refletem sobre sua própria inserção social, histórica, identitária"[5], o que está em consonância com esta proposta, assim como sua afirmativa de que tal conceito "parece produtivo também em formas mais tradicionais de escritas de autoconstrução de subjetividades, tais como autobiografias e memórias"[6].

Acerca da elaboração de novas formas de leitura e produção de conhecimento, Versiani assinala que as produções de pesquisadores da cultura estão considerando políticas de leitura, a partir das quais serão produzidos textos e conhecimento. Assinala que, para tal produção, há uma demanda de uma postura autorreflexiva, autoetnográfica, voltada a uma

---

[2] PAULON, S. M.; ROMAGNOLI, R. C. Pesquisa-intervenção e cartografia: melindres e meandros metodológicos. **Revista Estudos e Pesquisa em Psicologia**, v. 10, n. 1, p. 85-102, 2010.

[3] Ibidem, p.89.

[4] VERSIANI, D. B. Autoetnografia: uma alternativa conceitual. **Letras de Hoje**, Porto Alegre, v. 37, n. 4, p. 57-72, 2002.

[5] Ibidem, p.68.

[6] Ibidem, p.68.

construção intersubjetiva da própria subjetividade, considerando as trajetórias singulares de seus autores[7].

Sublinha a autora, contextualizando o movimento interativo e interventivo autoetnográfico:

> Ultrapassar nossa condição de sujeitos complexos, reconhecer as possibilidades constantes de criar diferentes vínculos de identificação através da ênfase na compreensão da construção da subjetividade e do próprio conhecimento como processos relacionais, intersubjetivos e dinâmicos, pode ter valor de ação política[8].

Os pesquisadores adquiriram

> o papel social na produção de saberes plurais, na construção de uma *episteme* de negociação com diferentes visões de mundo"[9]. A partir dessa perspectiva, há a necessidade de uma "disposição para substituir construções teóricas dicotômicas e excludentes por construções teóricas mais complexas, que não repitam os processos mentais que construíram as antigas hegemonias[10].

Essa possibilidade de novas construções foi acontecendo na produção desse estudo, no desenvolvimento da análise de implicação, embasada na Análise Institucional, que possibilitou, de forma inesperada, a constituição de outra proposta metodológica, que se complementará com pistas cartográficas, que revelam o objeto de estudo verdadeiro, envolvido numa outra temática anterior, e que pôde tornar-se o foco real da análise.

A cartografia acompanha os efeitos que acontecem no próprio processo da investigação[11]:

---

[7] VERSIANI, 2002, p. 71.

[8] Ibidem, p.71.

[9] Ibidem, p.71.

[10] Ibidem, p.71.

[11] PASSOS, E.; BARROS, R. B. A cartografia como método de pesquisa-intervenção. In: PASSOS, E.; KASTRUP, V.; ESCÓSSIA, L. da (Org.). **Pistas do método da cartografia**: pesquisa-intervenção e produção de subjetividade. Porto Alegre: Sulina, 2015, p. 17-31.

O ponto de apoio é a experiência entendida como um saber-fazer, isto é, um saber que vem, que emerge do fazer. Tal primado da experiência direciona o trabalho da pesquisa do saber-fazer ao fazer-saber, do saber na experiência a experiência do saber[12].

Assim, entre as referências do método utilizado, aponto a presença de traços cartográficos, como o rastreio de algumas pistas, por exemplo, no que tange à processualidade, no acompanhamento e análise de processos com as histórias de vida de adolescentes e a abertura para o verdadeiro foco desta análise:

> [...] o caminho da pesquisa cartográfica é constituído de passos que se sucedem sem se separar. Como o próprio ato de caminhar, onde um passo segue o outro num movimento contínuo, cada momento da pesquisa traz consigo o anterior e se prolonga nos momentos seguintes. O objeto-processo requer uma pesquisa igualmente processual e a processualidade está presente em todos os momentos – na coleta, na análise, na discussão dos dados e também, como veremos, na escrita do texto[13].

Kastrup[14], ao abordar a pista cartográfica da atenção, com a concentração sem focalização, como ideia inicial, expõe quatro variedades do funcionamento atencional que fazem parte do trabalho do cartógrafo. São elas: o rastreio, o toque, o pouso e o reconhecimento atento, reconhecidos também como pistas neste estudo desenvolvido. Assinalo a presença de pistas no que se refere à atenção, as quais permitiram uma abertura ao que surgiu, sem submeter o trabalho a um foco fechado, viabilizando a percepção a movimentos que surgiram, em que se deram

---

[12] Ibidem, p.18.

[13] BARROS, L. P.; KASTRUP, V. Cartografar é acompanhar processos. In: PASSOS, E.; KASTRUP, V.; ESCÓSSIA, L. (Org.). **Pistas do método da cartografia**: pesquisa-intervenção e produção de subjetividade. Porto Alegre: Sulina, 2009, p. 59.

[14] KASTRUP, V. O funcionamento da atenção no trabalho do cartógrafo. In: PASSOS, E.; KASTRUP, V.; ESCÓSSIA, L. da (Org.). **Pistas do método da cartografia**: pesquisa-intervenção e produção de subjetividade. Porto Alegre: Sulina, 2015, p. 32-51.

o toque, o voo e o pouso, provocando um *zoom* no objeto que surgiu. A partir desse foco, encontrado no percurso da análise, modifico minha metodologia de pesquisa e alcanço meu objeto de estudo, como citado acima, compreendendo que a temática da visita íntima evocou-me profundo interesse, na verdade, em função do investimento na atenção às famílias, em todo o meu percurso institucional na socioeducação.

> Defender que toda pesquisa é intervenção exige do cartógrafo um mergulho no plano da experiência, lá onde conhecer e fazer se tornam inseparáveis, impedindo qualquer pretensão à neutralidade ou mesmo suposição de um sujeito e de um objeto cognoscentes prévios à relação que os liga. Lançados num plano implicacional, os termos da relação de produção de conhecimento, mais do que articulados, aí se constituem. Conhecer é, portanto, fazer, criar uma realidade de si e do mundo, o que tem consequências políticas. Quando já não nos contentamos com a mera representação do objeto, quando apostamos que todo conhecimento é uma transformação da realidade, o processo de pesquisar ganha uma complexidade que nos obriga a forçar os limites de nossos procedimentos metodológicos. O método, assim, reverte seu sentido, dando primado ao caminho que vai sendo traçado sem determinações ou prescrições de antemão dadas. Restam sempre pistas metodológicas e a direção ético-política que avalia os efeitos da experiência (do conhecer, do pesquisar, do clinicar, etc.) para daí extrair os desvios necessários ao processo de criação. Tal processo se dá por uma dinâmica de propagação da força potencial que certos fragmentos da realidade trazem consigo[15].

Então, inicialmente tudo estruturado em torno da análise de implicação, que será aprofundada adiante, no percurso, dá-se

---

[15] PASSOS, E.; BARROS, R. B. A cartografia como método de pesquisa-intervenção. In: PASSOS, E.; KASTRUP, V.; ESCÓSSIA, L. da (Org.). **Pistas do método da cartografia**: pesquisa-intervenção e produção de subjetividade. Porto Alegre: Sulina, 2015, p. 30-31.

esse outro movimento de compreender o todo, que é autoetnográfico e cartográfico. Não acredito ser um problema não conseguir constituir o objeto de análise em um único método, porque o que estamos traçando aqui é um movimento, que se constituiu de forma plural.

E, para concluir esta parte, considerei importante falar acerca de minha formação, com graduação em Psicologia e pós-graduações em Análise Institucional, Terapia Familiar Sistêmica, Psicologia Jurídica, Violência Doméstica contra crianças e adolescentes e Psicopedagogia Clínica e Institucional, as quais busquei por serem pautadas na prática clínica e institucional, na atenção a famílias e adolescentes, no criar espaços agenciadores de mudanças para abertura de processos libertários. Tais aprendizados aparecem na prática e podem provocar certas indagações de como lidar com perspectivas, que podem esbarrar-se e confrontar-se, tais como as bases construcionistas – como a análise de implicação, a cartografia e socioanálise – e outras estruturalistas, como a teoria familiar sistêmica. Porém, considerando que somos seres transversalizados por múltiplas instâncias a todo momento, devemos e podemos procurar não cristalizar nossos saberes em epistemologias enquadradas e enquadrantes, que não permitam o fluir entre diferentes aprendizados.

3

ANÁLISE DE IMPLICAÇÃO E TRABALHO COM FAMÍLIAS NA SOCIOEDUCAÇÃO

Para abordar uma instituição permeada por múltiplos atravessamentos, é necessária uma compreensão do funcionamento de instituições, das implicações e sobreimplicações daquele que nela trabalha e/ou realiza pesquisa, como também reconhecer forças em jogo no campo de atuação e as relações com um campo macrossocial, em suas vertentes sociopolíticas. A Análise Institucional (AI) foi o referencial escolhido, por abranger a noção de análise da implicação. Lourau[16] pontua que tal conceito traz um grande diferencial em relação a outras ciências, pois rebate a noção comum de não implicação, de neutralidade, em que se impõe um distanciamento do campo e do pesquisador. René Lourau sublinha que a Análise Institucional pretende trabalhar a contradição, seguir uma lógica dialética em oposição à lógica identitária, característica das "demais ciências", e procura analisar suas contradições e não as negar, pois é dentro dessas contradições que a própria instituição funciona[17].

A análise de implicações pode viabilizar vias de transformações ao provocar uma desestabilização em supostos saberes aceitos como verdadeiros, de forma acrítica, aceitos como verdades absolutas. A análise permite ao pesquisador/trabalhador ver onde e como está, para que possa rever ações e propor intervenções. Considerando que o sistema socioeducativo ainda

---

[16] LOURAU, R. **René Lourau na UERJ:** análise institucional e práticas de pesquisa. Rio de Janeiro: UERJ, 1993.

[17] Ibidem, p.10.

demanda muitas mudanças, esse instrumental é uma referência de muita importância. Desde o primeiro dia na instituição, serviu-me de direção para lidar com o jogo de forças institucionais.

Inicio, portanto, apresentando o conceito de instituição como lógica e, na sequência, abordarei a análise de implicação e a sobreimplicação, com o intuito de melhor contextualizar a inserção institucional que perpassa todo o meu estudo e esta análise.

3.1 | Um pouco sobre Análise Institucional

Gregório Baremblitt[18], autor que aprofunda estudos sobre Análise Institucional, Socioanálise e Esquizoanálise, aponta que, numa instituição, encontramos as duas vertentes: uma do instituinte e outra do instituído. Em momentos de revolução, que produzem grandes transformações, podemos presenciar as forças que tendem a provocar a transformação na instituição: são as forças instituintes, produtivas de lógicas institucionais. Esse momento do processo inicial de criação gera um produto que é o instituído, efeito da atividade instituinte:

> O instituinte aparece como um processo, enquanto o instituído aparece como um resultado. O instituinte transmite uma característica dinâmica; o instituído transmite uma característica estática, estabilizada. Então, é evidente que o instituído cumpre um papel histórico importante, porque as leis criadas, as normas constituídas ou os hábitos, os padrões, vigoram para regular as atividades sociais, essenciais à vida da sociedade[19].

O instituído é assinalado como um resultado da ação instituinte e cumpre um significativo papel na história, pois fortalece o ordenamento das atividades sociais essenciais na coletividade.

---

[18] BAREMBLITT, G. **Compêndio de análise institucional**. 5. ed. Belo Horizonte: Instituto Felix Guattari, 2002.

[19] Ibidem, p. 30, grifo do autor.

Para ter eficácia, deve ter abertura às mudanças advindas do instituinte, acompanhando o "devir social", apesar de ser conservador, resistente, apresentando uma tendência à imutabilidade, a manter o estático. O instituinte está relacionado a um "processo mobilizado por forças produtivo-desejante-revolucionárias, que tende a fundar instituições ou a transformá-las, como parte do devir das potências e materialidades sociais"[20]. É o inventor dos instituídos e os transforma conforme o movimento desejante do social.

Para os analistas institucionais, a instituição apresenta uma construção que se dá na história, dentro de uma dinâmica contraditória:

> O tempo, o social-histórico, é sempre primordial, pois tomamos instituição como dinamismo, movimento; jamais como imobilidade. [...] Há que se observar a contradição no interior do instituído e, inclusive, a contradição no interior do instituinte[21].

O instituído vai atuar para manter certa imobilidade, devendo-se observar a contradição que possa existir nele, assim como no instituinte. É um jogo de forças extremamente intenso. Nas instituições, mesmo que elas aparentem solidez e permanência[22], esse jogo sempre estará presente.

Para o Institucionalismo, a sociedade é compreendida como uma rede, compondo um tecido de instituições, e as instituições são

> [...] lógicas, são árvores de composições lógicas que, segundo a forma e o grau de formalização que adotem, podem ser leis, podem ser normas e, quando não estão enunciadas de maneira manifesta, podem ser hábitos ou regularidades de comportamentos"[23]. O autor pontua que tais lógicas têm como objetivo a regulação de uma atividade humana.

---

[20] Ibidem, p.156.
[21] LOURAU, 1993, p. 11-12.
[22] Ibidem, p.13.
[23] BAREMBLITT, 2002, p. 24.

O conceito de autogestão é um conceito motriz da Análise Institucional que tem uma atuação política. Baremblitt define autogestão como processo e o resultado de uma organização que fará sua gestão de forma independente, na qual a coletividade desenvolve o gerenciamento de sua organização[24]. Sua forma é livre, criativa, original para instituir-se e organizar sua existência. As comunidades compartilham saberes e conhecimentos, tomando, de forma coletiva, as decisões, por um coletivo no qual as hierarquias são relacionadas a potências singulares e capacidades produtivas, que terão objetivo na funcionalidade da vontade comunitária. Os sujeitos responsabilizam-se por suas ações e participação na coletividade.

Lourau afirma que, considerando o fato de a vida de todos acontecer no "terreno da heterogestão", podemos reconhecer que a autogestão acontece dentro de um campo de contradição[25]. A escolha por determinadas pessoas que poderão exercer a heterogestão de nossas vidas acontece no sentido de procurar diminuir as próprias responsabilidades e delegar a outros a ação, que, na verdade, deveria ocorrer a partir da autogestão. Indica o autor que, nesse horizonte, uma contradição essencial é a noção de implicação.

Baremblitt aponta que a implicação, além de um processo psíquico e inconsciente, é

> [...] um processo de materialidade múltipla, complexa e sobredeterminada, um processo econômico, político, psíquico heterogêneo por natureza, que deve ser analisado em todas as dimensões"[26].

Destaca o autor que a implicação é um processo que promove uma interinfluência das partes, sendo referente, na AI, ao processo que ocorre na equipe da organização analítica, relativo ao contato com a organização analisada, e é integrante

---

[24] Ibidem, p.139.
[25] LOURAU, 1993, p. 13-14.
[26] BAREMBLITT, 2002, p. 64.

do processo de análise da organização. A compreensão dessa interação, "da interpenetração dessas duas organizações, enfatizando a parte que cabe à intervinda", é a análise da implicação[27].

Lourau assinala que a análise das próprias implicações é, na verdade, sentida como dolorosa, pois confronta o sujeito em seus lugares, em suas verdades e contradições. Sublinha que outra contradição relacionada ao conceito de implicação refere-se à pesquisa, ao ato de pesquisar, às condições da pesquisa. A Análise Institucional procura "não fazer um isolamento entre o ato de pesquisar e o momento em que a pesquisa acontece na construção do conhecimento"[28]. Podemos também considerar a importância de uso desse conceito nas ações e relações que estabelecemos em nossa vida cotidiana, para reflexão e abertura, para transformações necessárias e tomadas de decisões:

> O último exemplo de contradição dialética: a existente entre a implicação e a neutralidade axiológica do objetivismo habitual. Esta, combate a análise de nossas implicações concretas, seja na pesquisa, na formação, ou em toda e qualquer prática social cotidiana[29].

Lourau apresenta implicações preliminares a serem observadas em torno da análise da implicação: as implicações do pesquisador-praticante em seu objeto de investigação/ação; a implicação da instituição de pesquisa ou de pertencimento e da abordagem da equipe de pesquisa/intervenção; a participação do controle social e demandas sociais; as implicações secundárias; as implicações sociais, históricas, dos modelos utilizados (implicação epistemológica); e as implicações da escrita ou de qualquer outro meio utilizado para a apresentação da pesquisa[30].

---

[27] BAREMBLITT, 2002, p. 136.
[28] LOURAU, 1993, p. 16.
[29] Ibidem, p.28.
[30] LOURAU, R. Quelques approches de l'implication suivi de "Genèse Du concept d'implication". **POUR**, Paris, n. 88, p. 12-27, 1988, p.17.

Gilles Monceau aborda, em seus estudos dos ensinamentos de Lourau, um aprofundamento acerca do conceito de análise da implicação, assinalando, em seu artigo "Analyser ses implications dans l'institution scientifique: une voie alternative" ("Analisar as implicações nas instituições científicas: uma via alternativa"), que, para trabalharmos uma instituição, verdadeiramente, devemos desenvolver a intervenção a partir das relações que nos ligam à instituição, sejam elas ideológicas, organizacionais ou libidinais[31]. É preciso compreender o que está entrelaçado com ela a partir de nossa subjetividade. O autor reflete acerca de uma nova perspectiva em pesquisa, o caminho proposto por Lourau, para o encontro de uma via que vai além da instituição científica e possibilita uma linha de fuga, que permita ao pesquisador escapulir do pensamento instituído e ir ao encontro de novas formas de produção que não estejam "formatadas", dentro de um chamado e "reconhecido" padrão científico.

Lourau afirma que "não podemos escapar à instituição", nós a transportamos dentro de nós para onde formos e, para transformá-la, somente é possível se partirmos do interior dela, e não pelo exterior, de fora. A transformação somente poderá acontecer a partir de mudanças que incluam nossa forma de estar/ser na instituição, mudanças em nossa maneira de viver e de envolver-se com ela, sendo um processo de construção de novos dispositivos, que incluem tempo, espaço, ações e relacionamentos daqueles que são componentes da instituição[32].

Também em "Implicação e Sobreimplicação"[33], Lourau assinala o uso do termo implicação, inclusive capturado pela lógica do capitalismo, aplicado no meio midiático, político, empresarial,

---

[31] MONCEAU, G. "Analyser ses implications dans l'institution scientifique: une voie alternative". **Revista Estudos e Pesquisas em Psicologia**, Rio de Janeiro, a. 10, n. 1, p. 13-30, 2010. Tradução nossa.

[32] MONCEAU, G. Implicação, sobreimplicação e implicação profissional. **Fractal**, Rev.Psicol. [online]. 2008, v.20, n.1, p. 19-26.

[33] LOURAU, R. Implicação e sobreimplicação. In: ALTOÉ, S. (Org.). **René Lourau**: analista institucional em tempo integral. São Paulo: Hucitec, 2004, p. 186-198.

uma derivação "utilitarista da noção de implicação", que aponta para uma relação de compromisso, em fórmulas que compõem um juízo de valor sobre cada um de nós e todos os outros, com objetivos de medir seja "o nível de ativismo, o grau de identificação a uma tarefa ou instituição, a quantidade de tempo/dinheiro que lhe dedicamos", ou qual o investimento afetivo na cooperação[34]. Sublinha o autor que uma indevida "inflação do implicacionismo" dificulta a noção de implicação dentro de uma referência teórica da Análise Institucional.

Lourau parte do próprio conceito de implicação para a definição do termo sobreimplicação, na relação posta entre a subjetividade e a mercadoria[35], compreendendo-se que sobretrabalho diferencia-se da obrigação do indivíduo em seu exercício laboral, mas aponta para o que se chama de "exploração da subjetividade"[36], em que acontece uma exploração da objetividade do indivíduo no trabalho alienado – relacionado com a sobre-exploração e sobrerrepressão, no sentido marcuseano. Lourau destaca que o útil ou necessário para "a ética, a pesquisa e a ética da pesquisa não é a implicação", mas a análise da implicação. "A implicação é um nó de relações que não é bom (uso voluntarista) ou mal (uso jurídico-policialesco). A sobreimplicação, por sua vez, é a ideologia normativa do sobretrabalho, gestora da necessidade do "implicar-se"[37].

O autor assinala que "a oposição entre o aspecto ativo (ativista) da sobreimplicação e o aspecto passivo da implicação (sempre já existente) é mera aparência que convém superar", encontrando-se aspectos passivos na sobreimplicação e no ativismo. Sublinha que a implicação necessita de análise individual e coletiva, pois pode estar sob a sobreimplicação presente.

---

[34] LOURAU, R. Objeto e método da análise institucional. In: ALTOÉ, S. (Org.). **René Lourau:** analista institucional em tempo integral. São Paulo: Hucitec, 2004, p. 187.

[35] Cf., para maior aprofundamento no tema, o interessante trabalho de Thiry-Cherques (2007) sobre trabalho alienado.

[36] CELMA, 1971 apud LOURAU, 2004.

[37] LOURAU, 2004, p. 190.

Nascimento e Coimbra[38], em "Análise de implicações: desafiando nossas práticas de saber/poder", afirmam que a AI fala sobre o "intelectual implicado", que seria o que realiza as análises de suas próprias implicações, pertencimentos e relações com a instituição, realizando, também, uma análise do seu lugar

> na divisão social do trabalho na sociedade capitalista, [...] analisa-se o lugar que se ocupa nas relações sociais em geral e não apenas no âmbito da intervenção [...] os diferentes lugares que se ocupa no cotidiano e em outros locais da vida profissional" [39].

Para Lourau, essa proposição está relacionada com o método de análise das implicações, em que o analisador possa ver-se nas relações em geral, relações com o poder, não se prendendo em "uma posição pseudocientífica", na qual:

> Estar implicado (realizar ou aceitar a análise de minhas próprias implicações) é, ao fim de tudo, admitir que eu sou objetivado por aquilo que pretendo objetivar: fenômenos, acontecimentos, grupos, ideias, etc. Com o saber científico anulo o saber das mulheres, das crianças e dos loucos – o saber social, cada vez mais reprimido como culpado e inferior. O intelectual [...] com sua linguagem de sábio, com a manipulação ou o consumo ostensivo do discurso instituído e o jogo das interpretações múltiplas, dos "pontos de vista" e "níveis de análise", esconde-se atrás da cortina das mediações que se interpõem entre a realidade política e ele. O intelectual programa a separação entre teoria e política [...][40].

Nascimento e Coimbra pontuam que a análise de implicações reflete sobre como se dão nossas intervenções, ao contrário de uma visão positivista, que afirma a objetividade e neutralidade do

---

[38] NASCIMENTO, M. L.; COIMBRA, C. M. B. Análise de implicações: desafiando nossas práticas de saber/poder. In: GEISLER, A. R.; ABRAHÃO, A. L.; COIMBRA, C. M. B. (Org.). **Subjetividade, violência e direitos humanos:** produzindo novos dispositivos na formação em saúde. Niterói: EDUFF, 2008, p. 143-153.

[39] Ibidem, p.144.

[40] LOURAU, R. **A análise institucional**. Petrópolis: Vozes, 1975, p. 88-89.

pesquisador. Tais proposições da AI colocam em análise o lugar que ocupamos, nossas práticas de saber-poder, como produtoras de verdades – consideradas absolutas, universais e eternas –, seus efeitos, o que elas põem em funcionamento, com o que se agenciam, rompendo com a lógica racionalista, pois, afinal, "implicado sempre se está, quer se queira ou não, visto não ser a implicação uma questão de vontade, de decisão consciente, de ato voluntário"[41].

Na qualidade de dispositivo, a análise de implicações é sempre micropolítica, é um colocar em análise os modos de existência e encontra-se "no plano dos encontros onde se produzem as enunciações, o 'fazer ver e o fazer falar'. Ou seja, utilizar a análise de implicações é tornar visível e audível as forças que nos atravessam, nos afetam e nos constituem cotidianamente"[42]. Destacam as autoras o sentimento que podemos ter ao lidarmos com a análise de implicações:

> [...] a análise de implicações nos retira dos portos seguros, dos caminhos lineares e conhecidos, da paz das certezas, nos jogando em alto mar, no turbilhão das dúvidas, da diversidade e dos contornos indefinidos. Um dos efeitos políticos presentes na ferramenta análise de implicações é, portanto, a **problematização das relações de saber/poder**, visto que ela aponta para o lugar instituído de onde falamos quando, com nossas práticas especialistas, legitimamos a divisão social do trabalho no capitalismo[43].

A sobreimplicação pode ser mais bem compreendida na observação feita por Lourau, que a pontua como um "plus", em uma composição de demandas de habilidades dos funcionários, hierarquizadas em níveis de avaliaçao[44], em que se observa a presença de um

---

[41] NASCIMENTO, M. L.; COIMBRA, C. M. B., op cit., p. 145.
[42] Ibidem, p.147.
[43] Ibidem, p.147-148. Grifo nosso.
[44] Pode-se observar essas relações em planos de carreira, nas instituições e departamentos, sejam públicos ou privados.

sobretrabalho diretamente produtor de identificação com a instituição e indiretamente produtor de mais-valia em favor do empregador - e não em favor do trabalhador coletivo, cuja cooperação repousaria minimamente, ainda e sobretudo, na resistência. É a autogestão ou a cogestão da alienação[45].

Pela leitura da Análise Institucional, a sobreimplicação, além da produção do sobretrabalho, promove estresse rentável e adoecimento, podendo produzir mesmo a captura e morte do sujeito. Promove também uma mais-valia, como um ganho extra para a instituição, voltado ao reinvestimento no trabalho e desejo de crescimento voraz da empresa-instituição.

No histórico institucional do sistema socioeducativo do Rio de Janeiro, mesmo depois de concurso público realizado para o Degase, incluindo a seleção de profissionais de nível superior, em 2012, quase 20 anos depois do primeiro processo seletivo, diante das dificuldades de autorização pelos órgãos estatais para realização deste e do número de vagas permitido, tudo aponta para a necessidade de uma análise da importância dada ao sistema por aqueles que autorizam suas ações, que deveriam possibilitar o reordenamento dentro das diretrizes do SINASE e do SGD. Observo que o cotidiano institucional captura muitos servidores pela via de procurar suprir tantas demandas e carências institucionais e a emergência no lidar com adolescentes internados que precisam de ações, encaminhamentos e providências imediatas. Muitos funcionários ficam adoecidos, com sobrecarga de trabalho e alta intensidade emocional, a presença nas relações institucionais da chamada síndrome do pequeno poder[46], muitos entram de licença médica (alguns solicitam até aposentadoria),

---

[45] LOURAU, 2004, p. 192-193.

[46] "Síndrome do pequeno poder": termo utilizado por Azevedo e Guerra (1989) para indicar o uso abusivo do poder, por pessoas que se sentiam diminuídas e que passaram a ter um lugar de poder, ou estão em situação de poder em relação a outra, que está à mercê de suas ações e sofre violência quando este faz o uso arbitrário desse poder.

alguns se tornam violentos, outros omissos, e muitos falecem no transcorrer dos anos. A Análise Institucional muito contribuiu em minha atuação para lidar, em todos esses anos, com muitos embates e enfrentamentos intrainstitucionais e procurar manter minha sanidade física e mental, mesmo também atingida e lidando com alguns prejuízos, sem perder de vista que:

> Colocar em questão nossas implicações institucionais é sempre propor uma concepção das instituições em termos de regulação pela base, uma crítica permanente das normas instituídas, de desenvolvimento das forças instituintes. É desmascarar a trama das instituições, que consiste em impor por constrangimento material (seja econômico ou físico), uma visão falsa dos relatórios da produção[47].

Refletindo sobre meu percurso profissional, para entrelaçar com os conceitos apresentados, procurei, ao ingressar no sistema socioeducativo como psicóloga, investir no desejo criativo e interativo de minha profissão, procurando não ser "neutralizada" pelo instituído, dentro de instituições vistas como totais[48]. A análise de implicação, uma prática que possibilita uma compreensão do lugar em que se está e como se está e, a partir dessa consciência, vislumbrar uma possibilidade de abertura para uma via de criação, é, para profissionais, partir do reconhecimento de suas responsabilidades e também do campo de atuação. Procurei preservar uma escuta diferenciada com os adolescentes e suas famílias e não participar de um "tarefismo", capturada por ditos fazeres socioeducativos, por exemplo: a demanda da produção

---

[47] Mettre en question nos implications institutionnelles, c'est toujours proposer une conception des institutions en termes de régulation par la base, de critique permanente des normes instituées, de développement des forces instituantes. C'est démasquer le complot des institutions, qui consiste à imposer, par la contrainte matérielle (économique ou physique) et idéologique, une vision fausse des rapports de production. (LOURAU, 1971b, p. 22 apud MONCEAU, 2010, tradução nossa).

[48] "[...] um local de residência e trabalho onde um grande número de indivíduos com situação semelhante, separados da sociedade mais ampla por considerável período de tempo, levam uma vida fechada e formalmente administrada" (GOFFMAN, E. **Manicômios, prisões e conventos**. São Paulo: Editora Perspectiva, 1974, p. 11.

em grande quantidade de relatórios requisitados pelo Judiciário, em uma instituição, em geral, com superlotação de adolescentes, além de múltiplos outros graves problemas; ou fazer as tarefas burocráticas, que, além de poder ofertar alguma acomodação alienante para alguns, podem impedir a escuta atenta daqueles que não querem perdê-la, o atendimento adequado e a realização do trabalho psicológico.

É possível afirmar que a exigência de produção de um saber sobre cada adolescente recai com um caráter de obrigação e de urgência sobre os profissionais da equipe técnica do Sistema Socioeducativo (SSE), em face às demandas "da Justiça". A ideia de investimento na profissão foi a de poder encontrar uma linha de fuga da execução de tarefas e ser parte integrante de um processo de trabalho com os adolescentes e famílias e, também, com socioeducadores, gerando possibilidades autogestivas, participativas, e procurando construir uma produção de novas redes para as demandas existentes. Esse movimento não percorre ileso as paredes institucionais, ou seja, enfrenta oposições, assim como recebe adesões e apoio.

A seguir, apresento a narrativa de minha produção institucional, articulando com o desenvolvimento do Projeto Golfinhos, a construção de suas modalidades, expondo algumas abordagens e ações voltadas à proposta de viabilizar novas alternativas aos adolescentes e familiares no transcurso do processo socioeducativo, acreditando que esse percurso está relacionado com minha inserção no GT Visita Afetiva, construído para cooperar na elaboração da implantação da visita íntima no SSE do RJ.

3.2 | O Projeto Golfinhos

Completei, em dezembro de 2015, vinte e um anos como servidora efetiva do Degase. Ao longo desse tempo, pude observar trabalhos com propostas de transformação no e do atendimento, que vieram sendo engolidos por uma lógica de atendimentos premidos pelas exigências burocráticas e predeterminações de atividades, que, muitas vezes, não permitem o emergir de novos pensares e fazeres. Cito, entre essas ações instituintes, a proposta de trabalho de uma profissional da Pedagogia, que trabalhava com os adolescentes o conhecimento do corpo, com orientações sobre saúde física e sexual. Depois de um tempo, apesar dos bons resultados, o projeto foi suprimido das atividades. Outra atividade foi uma oficina de pátina – um aprendizado que, dificilmente eles conseguiriam obter no meio social, pela dificuldade de ingressar em cursos no mercado, em função de sua especificidade e custeio. Essa oficina aconteceu durante certo período e com tantos enfrentamentos, falta de material, muitas dificuldades existentes, e a falta de apoio efetivo foi suprimida também. Recordo, ainda, de um trabalho que desenvolvia uma dinâmica da musicoterapia, feita após o almoço, quando todos os adolescentes participavam de um relaxamento. Era fantástico, todos os meninos participavam e, após a oficina, demonstravam diminuição do nível de ansiedade. Porém, essa ação está entre muitas outras que perderam sua força diante do embate do instituído com o instituinte no cotidiano institucional.

Fiz concurso para o Degase em 1994. Classificada e aprovada, após apresentação de títulos e tempo de experiência com adolescentes e de atendimento psicológico, fui logo convocada. Ingressei no Instituto Padre Severino (atual CEMSE Dom Bosco) em primeiro de dezembro de 1994. Ao chegar, sem nem "tempo de respirar", logo iniciei um atendimento familiar. Relacionei tal fato com a falta de recursos humanos no sistema socioeducativo, mais grave naquela época que na atualidade. No primeiro dia, era evidente a urgência de profissionais para atendimento ao quantitativo de adolescentes nas unidades. Fui direcionada para atendimento assim que me "apresentei" (como se nomeia o movimento do funcionário quando comparece na unidade em que será lotado). Atendi em sala coletiva improvisada. Não existiam espaços reservados para atendimento dos adolescentes e famílias, por psicólogo ou por qualquer outra categoria de profissionais.

Retorno no tempo da memória e falo sobre esse meu primeiro atendimento, dentro de um sistema profundamente intenso em suas vivências e com alto nível de tensão cotidiana. O que mais registrei foi o impacto e a força emocional do encontro do adolescente com sua família, angustiada, sem saber como ele estaria depois de uma apreensão e internação provisória sofrida – fato quase sempre impactante e rompedor de algo em sua história. A intensidade emocional do primeiro encontro entre a família e o adolescente, que me capturou e emocionou, e de todos os outros que presenciei é forte em minha memória, reporta-me aos vínculos afetivos dos adolescentes e de seus familiares e à importância destes nas possibilidades de mudanças em suas escolhas, além das necessárias mudanças no sistema e no meio social para lidar com os adolescentes em cumprimento de MSE e com suas famílias.

Ainda hoje, na atenção às famílias, procuro esmerar a escuta a tantas demandas que perpassam suas falas, demandas que ainda são lacunas em políticas públicas, tais como o enfrentamento de violência social, policial, carência de recursos para subsistência de grande parte da população, falta de oportunidades reais para estar no mundo de forma digna! Penso e sinto: muito a fazer! Na legislação brasileira, o paradigma da proteção integral afirma que toda e qualquer criança e adolescente é sujeito de direitos e assevera o respeito à condição especial de pessoa em desenvolvimento, mas, na atualidade, muitos entraves apresentam-se na sua efetiva implantação, sendo ainda uma realidade, conforme assinala Zamora[49], a existência de práticas de violações de direitos, por vezes, até legitimadas, perpetradas ou ignoradas pelo próprio Estado, em uma dimensão significativa.

Trabalhando com adolescentes, evidenciou-se a demanda de atenção às suas famílias, e, em nossa forma de intervir, compreendemos que cada família traz em sua organização uma forma singular de constituir-se. Na atualidade, o conceito de família, que pode evoluir conforme cada cultura e realidade, abarca os vínculos afetivos entre seus membros, diferenciando-se do conceito puramente biológico, por consanguinidade, e superando estigmas de "famílias estruturadas", com novos arranjos sendo reconhecidos. A composição de uma família pode ser vista por meio de laços consanguíneos entre seus membros, assim como pela formação desse núcleo entre aqueles que apresentam vínculos emocionais significativos entre si, solidariedade, compartilhamento de valores e crenças, tudo isso apontando para o reconhecimento de múltiplas formas de ser família.

O trabalho desenvolvido no Golfinhos pautou-se na força potencial dos núcleos familiares, junto ao adolescente em seu processo socioeducativo, e nas relações permeadas por afetividade e pertencimento, impulsionando os adolescentes a serem acolhidos para uma retomada de seu amadurecimento e abertura de novas escolhas em seus projetos de vida.

3.2.1 | Indagando nosso conceito de família

O conceito de família, como apontado, passa por transformações a todo tempo, acompanhando a cultura, a realidade

---

[49] ZAMORA, M. H. Familiares de adolescentes em conflito com a lei: dinâmicas familiares e formas de apoio. In: LEMOS, F. C. S. (Org.). **Crianças, adolescentes e jovens:** políticas inventivas transversalizantes. 1. ed. Curitiba: Editora CRV, 2015, p. 72-93.

política de cada sociedade, não sendo estanque, assim como Lopes[50] assinala:

> a família de hoje é a instituição na qual os membros se unem por vínculos de consanguinidade e/ou afetividade, sendo um espaço de proteção e socialização, e também de conflitos e violência.

O que, principalmente, sublinho é a importância de suas interações afetivas e a capacidade que têm para amparar e contribuir com a reorganização de seus membros, quando permite acesso às dificuldades e conflitos existentes em seu meio, para investimento na superação destes, viabilizando transformações no caminhar de seu ciclo vital.

A participação da família é fundamental, aliás, em todo o processo socioeducativo, assim como a conexão com a comunidade de referência do adolescente, somadas aos laços de vizinhança e solidariedade, toda a rede de atendimento e de serviços, incluindo a área de educação, saúde, segurança, cultura e outras, assim como organizações da sociedade civil defensoras dos direitos da infância e juventude[51].

O conceito de família abrange diferentes versões, conforme o período histórico, o que promove sua inserção dentro de uma construção social, transformada pela sociedade em suas especificidades e, ao mesmo tempo, transformando essa mesma sociedade em um processo dinâmico e contínuo. O Plano Nacional de Promoção, Proteção e Defesa do Direito de Crianças e Adolescentes à Convivência Familiar e Comunitária (PNCFC), de

---

[50] LOPES, E. R. **A inserção familiar no sistema socioeducativo de privação e restrição de liberdade do estado do Rio de Janeiro.** 2013. Monografia (Pós-Graduação em Terapia de Família)–Universidade Candido Mendes, Rio de Janeiro, 2013, p. 15.

[51] BRASIL. Ministério do Desenvolvimento Social e Combate à Fome, Secretaria Especial de Direitos Humanos. **Plano nacional de promoção, proteção e defesa do direito de crianças e adolescentes à convivência familiar e comunitária.** Brasília, DF, 2006c; UNGARETTI, M. A. (Org.). **Criança e adolescente:** direitos, sexualidades e reprodução. São Paulo: Associação Brasileira de Magistrados, Promotores de Justiça e Defensores Públicos da Infância e Juventude – ABMP, 2010, p. 129-146.

2006, é um documento que marca um grande avanço na garantia das relações afetivas intrafamiliares e aponta para a superação de um viés discriminatório que procurava culpabilizar as famílias de "menores infratores", julgando a situação, fosse de enfrentamento de precariedades ou de cometimento de infração, sempre como resultante da incompetência dos pais.

No processo de transformações sociais que transversalizam as sociedades, encontramos novas formas de organização de núcleos familiares, uma definição mais construtiva de família surgindo, superando uma definição de consanguinidade como única referência e abrindo novos arranjos promovidos por vínculos de afeto e solidariedade. Na Constituição Federal do Brasil e no Estatuto da Criança e do Adolescente, já encontramos abertura para outro conceito de família. Na Constituição, no Art. 226, parágrafo 4,

> entende-se como entidade familiar a comunidade formada por qualquer um dos pais e seus descendentes"[52]. Também no Estatuto, em seu Art. 25, parágrafo único: "Entende-se por família extensa ou ampliada aquela que se estende para além da unidade pais e filhos ou da unidade do casal, formada por parentes próximos com os quais a criança ou adolescente convive e mantém vínculos de afetividade" [53].

Como outros exemplos da ampliação conceitual, assinalo a Política Nacional de Assistência Social, de 2004: "Podemos dizer que estamos diante de uma família quando encontramos um conjunto de pessoas que se acham unidas por laços consanguíneos, afetivos, e, ou, de solidariedade" [54]. É também significativa a definição no PNCFC, que assim define:

---

[52] BRASIL. Constituição da República Federativa do Brasil. **Diário Oficial [da] República Federativa do Brasil**. Senado Federal, Brasília, DF, 1988.

[53] BRASIL. Lei n.º 8.069/90, de 13 de julho de 1990. Dispõe sobre o Estatuto da Criança e do Adolescente e dá outras providências. **Diário Oficial [da] República Federativa do Brasil**, Brasília, DF, 1990a.

[54] BRASIL. Ministério do Desenvolvimento Social e Combate à Fome, Secretaria Nacional de Assistência Social. **Política nacional de assistência social. PNAS/2004**. Brasília, DF, 2005, p. 41.

A família pode ser pensada como um grupo de pessoas que são unidas por laços de consanguinidade, de aliança e de afinidade. Esses laços são constituídos por representações, práticas e relações que implicam obrigações mútuas [55].

As organizações familiares, os arranjos constituídos na e pela história de cada núcleo familiar, em suas singularidades, bem como as inter-relações existentes com os aspectos históricos e socioculturais contemporâneos, contribuem para a desconstrução de uma noção estereotipada do que seria uma família "bem estruturada". O modelo ideal de família é suplantado por uma compreensão da capacidade da família como protetora e socializadora de seus filhos[56]. Tal constatação vai ao encontro do assinalado por Camuri, Sereno, Zamora e Quintana, quando sublinham a urgência do reconhecimento da realidade de novos arranjos familiares[57]:

> [...] faz-se necessário superar urgentemente o modelo de família ideal burguesa, que ainda povoa nosso imaginário, nossas teorias e práticas, pois ele segrega a singularidade dos novos arranjos familiares presentes no contemporâneo. Tempo em que a ciência aumenta diariamente as opções no campo da reprodução humana, época em que as mudanças no campo do trabalho obrigam arranjos de toda ordem no que tange o cuidado com as crianças, em que tecemos novos modos de convivência, onde vemos famílias de todos os tipos, de todas as cores, classes sociais, onde seus membros conquistaram o direito de expressar sua diversidade sexual e parental, pois agora são homo ou mono parentais e nas quais trocam de papéis sem a melancolia da ausência paterna ou da maternidade ideal[58].

---

[55] BRASIL, 2006c. p. 24.
[56] Ibidem, p.28.
[57] CAMURI, A. C. et al. Direitos sexuais no sistema socioeducativo do Rio de Janeiro. **Mnemosine**, RJ, v. 8, n. 1, 2012, p. 43-71.
[58] Ibidem, p.48.

3.2.2 | Golfinhos: trabalhando com a diferença e desconstruindo a violência

Partindo de um movimento desejante em minha prática, a partir de um contato com o instituído e do que entendia necessário construir no atendimento, encontro, dentro do departamento, próximo à minha chegada, uma profissional com formação em Pedagogia e em Análise Institucional, com um olhar e fazer que se reúne ao meu compromisso, o que abre um espaço de criação de uma proposta que chamamos de Golfinhos - Projeto Grupo Multifamiliar[59], desenvolvido no Instituto Padre Severino, de abril de 1995 a 2002, e na Escola João Luiz Alves, por outro profissional da psicologia, de 1999 a 2002.

O projeto recebeu esse nome após um estudo sobre a vida e organização dos "Golfinhos" e o enfrentamento de algumas de suas dificuldades e formas de interação. Os golfinhos emitem um sinal que os identifica como parte de um clã e assim comunicam--se pelo mar, andam em grupos, têm pertencimento; alguns são dóceis, outros agressivos. Eles têm um "radar" que os orienta a todo tempo no navegar das águas, porém há momentos em que tal radar pode não funcionar adequadamente e provocar esbarrões ou colisões em seu universo marítimo. Quando batem numa pedra ou em algum obstáculo, ou enfrentam tubarões, podem acontecer marcas, que serão únicas para cada um deles. Pesquisadores assinalaram que nenhum golfinho é igual ao outro em tudo, cada um tem suas marcas individuais da sua história de vida, tem sua singularidade, como se fosse uma digital. No transcurso de sua vida, pode acontecer de seu radar, seu sinalizador, além dos obstáculos, não assinalarem adequadamente a chegada ao continente e ele se ver em situação de grande risco, atolado na areia da praia, e, se a maré não subir a tempo, o sol quente,

---

[59] Projeto que ficou conhecido como Projeto Golfinhos ou, simplesmente, Golfinhos. SILVA, M. T. A.; LEITE, R. P. (Colab.). **Projeto Grupo Multifamiliar**. Rio de Janeiro: 4º Ofício de Registros de Títulos e Documentos, 1996.

batendo forte em seu dorso, levará o golfinho à morte, sendo a salvação o socorro de quem o ajude a retomar ao rumo das águas. Nessa imagem, caminhamos pela metáfora do momento dos adolescentes apreendidos em conflito com a lei e de suas famílias, demandando atenção dos profissionais da socioeducação, terapeutas de família e outros que se debruçam sobre o momento de impasse que enfrentam. A Figura 1 ilustra o logotipo do projeto:

FIGURA 1 – LOGO DO PROJETO GOLFINHOS
FONTE: Arquivo do Projeto Golfinhos.
CRIAÇÃO: Ramildo de Araújo Silva, 1995.

O Projeto Golfinhos, na perspectiva de transformações produtivas e reorganizações do sistema familiar, com reconhecimento de sua cidadania e pertencimento, articulado com seus projetos de vida, provoca um movimento instituinte, que, certamente, enfrenta seus embates e "atravessamentos" diversos na instituição socioeducativa.

Compreendo que há um fortalecimento na atuação dos profissionais, com a compreensão de que histórias de vida são essenciais para um verdadeiro trabalho socioeducativo, em que a escuta e a ressonância dessas histórias devem estar presentes, provocando reverberações para que o trabalho possa dar espaço para histórias reais de sofrimento e segredos, ocultos esconderijos da alma, que devem ser trabalhadas para dar espaço emocional de crescimento aos jovens e às suas famílias e ocupação territorial cidadã.

Filhos, difíceis ou não, esses meninos e meninas têm um pertencimento familiar e comunitário, e, ao serem separados da família, que, muitas vezes, sequer tem ideia do suposto envolvimento do adolescente com as dinâmicas criminais, são levados ao trauma de uma realidade de corte com a internação. Observam-se, nas falas dos familiares, o susto, o pânico e o desespero com o acontecido, por não terem ideia do envolvimento do filho, ou por não quererem, por vezes, admitir o que já sabem, quando o momento caracteriza-se por ser um desvelamento de seu envolvimento com atos infracionais, além do temor acerca da situação. Nos relatos dos familiares, aparece, frequentemente, a ocorrência de situações de adoecimentos, agravados por ocasião da apreensão do adolescente, um impacto da ordem da emoção, com quadros clínicos mais ou menos graves, incluindo internações ou mesmo falecimentos. Apesar de mães, pais, tias e avós reconhecerem, muitas vezes, que não estavam conseguindo dar limites ou serem respeitados, não esperavam que acontecesse uma apreensão. Todo esse impacto parece remeter à gravidade de uma ruptura com a ordem social e com a lei e à possibilidade de o filho envolver-se na criminalidade, fixando um destino marginal[60].

Para pensar a realidade desses meninos, é possível reportar também a contextos bem diversos, daqueles reconhecidos para famílias "padrão". São moradias de dimensões pequenas, por

---

[60] ZAMORA, M. H. Familiares de adolescentes em conflito com a lei: dinâmicas familiares e formas de apoio. In: LEMOS, F. C. S. (Org.). **Crianças, adolescentes e jovens**: políticas inventivas transversalizantes. 1. ed. Curitiba: Editora CRV, 2015. p. 72-93.

vezes sem divisórias de quartos, onde diversas pessoas residem juntas. A sexualidade nos espaços sem privacidade é uma realidade que também demanda atenção e orientação. Os casais, quando juntos, estão em união estável, e, na luta pela subsistência, crianças e adolescentes também desenvolvem atividades de trabalho muito cedo para ajudar a família. As funções familiares emaranham-se: avós cuidam como se fossem as mães dos netos, pois jornadas múltiplas de trabalho para as mães podem impedir a convivência. Sem espaço para maiores cuidados com sua saúde e beleza, mães e avós jovens envelhecem precocemente. Novas organizações constituem-se: crianças cuidam de outras crianças, mulheres jovens tornam-se viúvas de seus companheiros em perdas traumáticas, mães substitutas tornam--se apoio na comunidade, meninas tornam-se mães muito cedo. Relatos de perdas de filhos e familiares assassinados ou sumidos, adoecimentos e rompimentos por acontecimentos diversos, companheiros assassinados ou presos, se envolvidos com a criminalidade, a presença de religiosidades, todos esses elementos perpassam intensamente essas famílias. São muitas maneiras de se formarem famílias, múltiplos arranjos no lidar com duras exigências da realidade, dificuldades financeiras, enfrentamento de violência e precariedades múltiplas, mas não deixando de ter uma organização familiar própria e diferenciada do esperado de um modelo[61].

Aponto, a seguir, algumas considerações na área relacional que puderam ser trabalhadas a partir da posição dos pais e/ou dos adolescentes. Muitos responsáveis vivenciaram uma ausência de referência de figuras paternas, por terem perdido seus pais precocemente, ou não os terem conhecido, por abandono ou outras causas, vivenciando o sentimento de desamparo. Ao exercerem a função paterna/materna, viram-se sem modelos (nem que

---

[61] Ibidem, p.77.

fosse para contraponto) ou aprendizados na vivência familiar. Encontramos, no transcorrer do trabalho, muitos responsáveis que se tornaram pais/mães muito jovens, despreparados, assim como familiares que tiveram pais muito rígidos ou que faziam uso de violência, ou responsáveis extremamente permissivos, ou mesmo familiares com envolvimento com a criminalidade. Como assinalam Silva e Leite, outra situação são as separações do casal parental e o lidar inadequadamente com a organização da função parental, por ambos os pais pós-separação, o conflito com padrastos e madrastas, a interação com pais substitutos e um elevado número de avós no lugar dos pais, avós-mães, tias-mães, mães-pais, filhos dados informalmente a parentes ou vizinhos[62].

No exercício da função parental, dar limites ao adolescente pode promover certos impasses no sistema familiar, com dificuldades relacionadas ao processo dialógico, ou seja, o escutar o filho, ter sensibilidade ao que pode estar vivenciando. Pode ocorrer uma falta de entendimento de aspectos emocionais relativos à sua fase de desenvolvimento. Outros fatores relacionados, por exemplo, com religiosidade *versus* ausência de diálogo também foram observados, como acreditar que um ser supremo irá, magicamente, resolver o que um ser demoníaco provocou, ou uma culpabilização dos pais, responsabilizando-os pelos atos do filho, assim como o tratamento do adolescente de forma infantilizada. São questões que apareciam em algumas famílias, os papéis estavam emaranhados, dificultando o desenvolvimento emocional do adolescente, ou computando como responsável por seus atos as "más companhias", faltando responsabilizar o próprio adolescente por seus atos. Outros fatores foram observados, tais como o incentivo promovido pela mídia, pela publicidade e por estímulos diversos ao consumo de roupas "de marca" e objetos

---

[62] SILVA, M.T.A.; LEITE, R P. (Colab.). Adolescente em conflito com a lei, e a família como vai? In: III CONGRESSO BRASILEIRO DE TERAPIA FAMILIAR, 1998, RJ. **Anais:** O indivíduo, a família e as redes sociais na virada do século, RJ: ATF, 2000, p. 263-267.

de desejo, atravessando uma realidade financeira e social, sem condições para muitas famílias realizarem determinados gastos; assim, esses aspectos, entre outros, demandam atenção para compreensão da multiplicidade de circunstâncias que vivenciam os adolescentes em seu cotidiano[63].

Há também o fato reconhecido de que, no cumprimento de medida socioeducativa de internação, predominam os adolescentes negros e pardos, em sua maioria, advindos de situações de subsistência precária, do sexo masculino (95 %), com baixa ou nenhuma escolarização[64]. Esse é o mesmo perfil que pode ser visto em espelho, nas devidas dimensões, no universo penitenciário e é também o mesmo de crianças e adolescentes que são vítimas de assassinato no Brasil, sendo essa realidade um retrato que porta a marca da desigualdade social e da discriminação racial do país[65]. É um sistema perverso que retroalimenta as carências de parte da população, demandando uma mudança de rumo de políticas públicas, efetivas e eficazes.

No transcorrer dos atendimentos que realizamos, observamos múltiplos aspectos relacionados aos adolescentes que estão em ressonância com levantamentos nacionais feitos no sistema socioeducativo, tais como: uma grande evasão escolar, uma interação com a escola que demanda intervenções, a falta de investimento no processo educativo, provocando, inclusive, uma

---

[63] SILVA; LEITE, 2000, p. 265.

[64] BRASIL. Presidência da República, Secretaria de Direitos Humanos. **Levantamento Anual dos/as Adolescentes em Conflito com a Lei** – 2012. Brasília: Secretaria de Direitos Humanos da Presidência da República, 2013.; VILHENA; ZAMORA; ROSA. Da lei dos homens à lei da selva. Sobre adolescentes em conflito com a lei. **Revista Trivium**, estudos interdisciplinares. Trivium (RJ, online); 3(2), p.27-40, 2011. Disponível em: <http://www.uva.br/trivium/edicoes/edicao-ii-ano-iii/artigos-tematicos/da-lei-dos-homens-a-lei-da-selva-sobre-adolescentes-em-conflito-com-a-lei.pdf>. Acesso em: 03 fev. 2016.

[65] ZAMORA, M. H.; CANARIM, C. F. Direitos humanos de crianças e adolescentes: extermínio, racismo e o velho silêncio. In: SYDOW, E.; MENDONÇA, M. L. **Direitos humanos no Brasil 2009**. Relatório da Rede Social de Justiça e Direitos Humanos. São Paulo: Rede Social de Justiça e Direitos Humanos, 2009, p. 161-170; WAISELFISZ, J. J. **Mapa da violência**: os jovens do Brasil. Rio de Janeiro: FLACSO BRASIL, 2014.

relação desrespeitosa com os professores, (entre outros conflitos, um número crescente de agressões cometidas por alunos em sala de aula), conceitos negativos de escola e trabalho (junto ao desejo de ganho financeiro rápido, sem noção da progressão por mérito), uma falta de perspectiva de vida, percepção de pouco tempo de vida como natural, pouco valor à própria vida e à vida dos outros, não conscientização da gravidade de atos violentos, como se fossem parte natural do viver. Assim, há adolescentes lidando com roupa "de marca" para levantar a autoestima, o estar em espaço de envolvimento com a marginalidade para se sentir fortalecido, o enfrentamento de estereótipos sociais acerca de seu valor e potencial, influenciando em escolhas e decisões que o impulsionam para a criminalidade[66].

Trabalhei na unidade então chamada Instituto Padre Severino por cerca de oito anos e, durante praticamente todo o período em que lá estive, fiquei sempre muito próxima das famílias, no desenvolvimento do Projeto Golfinhos. Essa construção visava edificar novos espaços para os adolescentes e suas famílias, pautados em atendimentos terapêuticos individuais e grupais, que possibilitassem a cada um a expressão do pensar, do sentir, do entrar em contato com sua história e viabilizar transformações, abrindo mais espaço de reflexão, questionamento, conscientização e criação. Em 1999, o projeto começou a ser desenvolvido em uma unidade de internação, por um psicólogo que se uniu aos nossos propósitos. O trabalho foi crescendo em suas modalidades e intervenções (apresentadas mais adiante), enquanto avaliávamos as demandas que surgiam, tarefa que não era, e ainda não é, fácil, em um sistema perpassado por uma lógica punitiva e assistencialista, além de diversas questões que atravessam a relação entre os servidores e abrangem a própria formação sociocultural de cada um.

---

[66] SILVA; LEITE (Colab.), 2000, p. 265-266.

A proposta maior do projeto é abrir espaço para os adolescentes e famílias abordarem suas histórias, pensarem em suas relações, tanto dentro da família como em seu cotidiano mais amplo, as dificuldades interacionais, parentais, as variáveis que perpassam as mudanças de ciclo de vida e familiar, o lidar com perdas afetivas ou situações traumáticas, o pertencimento social e conscientização de cidadania. É uma possibilidade de abertura para uma nova organização da família, em sua dinâmica familiar e no meio social, procurando flexibilizar o sistema, para que possa lidar com as múltiplas fases da família, reorganizando-se em diferentes momentos, promovendo o amadurecimento de cada um e a possibilidade de convivência de diferenças em suas existências. O projeto traz uma proposta de fazer uso de um instrumental eficaz e terapêutico que, principalmente, tem a escuta e o encontro com a emoção da família para buscar resultados. A cada momento do projeto, foi confirmada a importância das interações familiares e o quanto o adolescente precisa de orientações e cuidados em seu desenvolvimento, sendo a contextualização do social, do universo em que está inserido, parte de seu existir, demandando que aconteça o encontro interdisciplinar na construção de uma rede social que amplie a atenção às famílias[67].

O adolescente em conflito com a lei pode estar lidando com um conflito interno emocional, pessoal, familiar e social. Pensamos, eu e a equipe do Golfinhos, estar contribuindo com possíveis transformações, sinalizando e desfazendo pontos nodais em relações familiares e sociais, que possibilitem uma nova organização salutar, proporcionando que o adolescente alcance uma conscientização inicial que o impulsione a direcionar seu caminho de uma nova forma, sem o ato infracional, e retomar seu desenvolvimento de forma positiva, crescendo,

---

[67] SILVA, M. T. A.; LEITE, R. P. (Colab.). **Programa de atenção às famílias** – Espaço Golfinhos. 2002 – Documento Interno: Rio de Janeiro. Secretaria de Educação do Estado do Rio de Janeiro/ Departamento Geral de Ações Socioeducativas – DEGASE.

amadurecendo, tornando-se um ser humano adulto, responsável e consciente de que tem – ou deveria ter – um lugar na sociedade, que não precisa ser o de infrator.

Observamos que, nessa fase da adolescência dos filhos, o sistema parental, os pais ou aqueles que exercem tal função, devem exercitar o renegociar com seus filhos as diversas questões, preservando a hierarquia e autoridade e, ao mesmo tempo, ter flexibilidade para dialogar com eles, podendo orientar com limites saudáveis, tornando possível que caminhem dentro do ciclo vital, realizando a passagem da adolescência para a vida adulta.

Serão abordadas, a seguir, algumas referências produtivas na construção do "Golfinhos", em suas modalidades de intervenção, que foram desenvolvendo-se processualmente no transcorrer dos atendimentos, quando construíamos uma nova forma de trabalhar com o adolescente e com seu núcleo familiar, conforme observávamos as demandas que surgiam nas intervenções e seus resultados positivos, com retorno dos familiares e adolescentes após participação no projeto.

3.2.3 | Contribuições da Terapia Familiar Sistêmica-Construtivista para a construção do Projeto Golfinhos

A Terapia Familiar Sistêmica embasa o desenvolvimento teórico e prático do Projeto Golfinhos, junto à formação interdisciplinar da equipe que o desenvolveu: Psicologia, Pedagogia, Análise Institucional, somadas às linhas diretivas terapêuticas do construtivismo e do trabalho com o conteúdo vivencial. Zuma assinala que os estudos e pesquisas em terapia de família sistêmica apresentaram, inicialmente, um "diálogo estreito com disciplinas e teorias alheias às áreas da psicologia e da psicoterapia, como a Teoria Geral dos Sistemas, a Cibernética, a Teoria da Comunicação, a Biologia e a Química"[68], sendo em comum, entre eles, a preocupação com o homem, suas relações sociais e o questionamento à ciência tradicional, que impõe barreiras rígidas entre as disciplinas. "O desenvolvimento teórico da Terapia de Família, por conta desse diálogo, teve uma evolução paralela às disciplinas"[69]. Ressalta o autor a mudança de paradigma para essa modalidade de atendimento, em que se deu uma ampliação do foco de atuação, no lidar com o sofrimento humano, sua enfermidade e sintomas, o ir além do indivíduo e do intrapsíquico, abrangendo também seu contexto e suas relações.

Em 1930, ocorreu uma mudança do foco de atenção do intrapsíquico para o relacional no campo das práticas terapêuticas. Zuma destaca o aparecimento de conceitos, como "papel social", e práticas, como terapia de grupo e psicodrama. A importância dos papéis desempenhados na família e como estes perturbam as interações de seus membros é apresentada por outro estudioso, Nathan Ackerman, em 1937.

Como uma intervenção terapêutica, a terapia de família tem como marco a década de 1950, quando múltiplos estudos foram realizados. Um deles é considerado de grande impacto, nos EUA, desenvolvido pelo antropólogo Gregory Bateson, o qual relata a presença de comunicações paradoxais em famílias com membros psicóticos e desenvolve a teoria do duplo-vínculo[70].

A homeostase familiar foi um conceito também importante nesse período, desenvolvido por um membro da equipe de Bateson, Don D. Jackson, que abordou a possibilidade de que uma gama de categorias psicopatológicas encaixava-se em padrões

---

[68] ZUMA, C. **Terapia de família sistêmico-construtivista**. In: SEMINÁRIO PSICOLOGIA: crise de paradigma ou crise social, 1997, UERJ/RJ. Rio de Janeiro: UERJ/CRP-05, 1997, não paginado. 4 p. Disponível em: <http://www.noos.org.br/userfiles/file/Terapia%20de%20Fam%C3%ADlia%20Sist%C3%AAmico-Construtivista.pdf>. Acesso em: 27 dez. 2015.

[69] Ibidem, p.1.

[70] ZUMA, 1997, p.2.

interacionais específicos. O sistema respondia a alterações de forma interligada, por exemplo: se uma pessoa da família estivesse doente e apresentasse melhora, a outra piorava.

Nesse sentido, poder-se-ia compreender o temor da família à intervenção terapêutica, sua dificuldade de lidar com mudanças. Foram desenvolvidas técnicas de intervenção para desconstruir essa homeostase disfuncional, quebrando as "sequências comportamentais recorrentes para que a família se reorganizasse sem a necessidade do sintoma"[71]. Sublinha o autor que, apesar do olhar para as interações e comunicações entre os membros da família ter sido ampliado, ainda se estava trabalhando dentro de uma "causalidade linear", não se alcançando a proposta da Teoria Geral dos Sistemas, disciplina fundada por Bertallanfy, em que a ideia central é de que todos os fenômenos da natureza estão interligados e qualquer tentativa de explicá-los, por meio de sequências causais, não passa de simplificações ou recortes da realidade, sendo, portanto, pontuações arbitrárias[72]. A insuficiência do conceito de homeostase, para explicar os processos de mudança de crescimento e de criatividade, evidenciou-se, apesar de sua contribuição para compreensão de determinados movimentos nos sistemas familiares.

A terapia de família teve uma primeira fase, sublinha Zuma, embasada nessas contribuições, até o início de 1970. O químico Ilya Prigogine desenvolveu um trabalho que teve grande repercussão, abordando acerca da "ordem através da flutuação". O estudioso comprovou que os sistemas dissipativos, aqueles que se afastam do equilíbrio, não caminham para a destruição unicamente e podem apresentar, em saltos descontínuos, uma nova organização, com coerência interna[73]. Tal evolução acontece

---

[71] Ibidem, p.2.
[72] Ibidem, p.2.
[73] Ibidem, p.2.

pela ampliação de flutuações específicas do sistema, que Prigogine nomeou de bifurcação, o qual afirma existirem duas possibilidades, pelo menos, de novas organizações futuras. A partir da constatação de que "sistemas afastados do equilíbrio são diferentes dos que estão em equilíbrio", evidencia-se que, para lidar com cada um, haverá uma demanda de um instrumental diferenciado[74], onde "os sistemas vivos, incluindo-se aí os sistemas humanos e sociais, são afastados do equilíbrio. Eles têm características de auto-organização, são complexos e indeterminados". Pontua Zuma, sobre a relação deste estudo com a abordagem sistêmica:

> No âmbito da Terapia de Família, esse novo olhar teve grande impacto. Os conceitos e técnicas utilizados até então foram reformulados. Já não se pode falar de resistência à mudança. Os sistemas familiares funcionam segundo sua coerência interna. A mudança não precisa vir de uma fonte externa, as famílias possuem seus próprios recursos para mudar. O terapeuta vai trabalhar então na mobilização desses recursos. Através de perguntas, vai tentar ampliar a história oficial da família, incorporando informações antes periféricas a esse discurso. A ação de recontar a sua história, de redefinir significados funcionará como deflagrador de mudanças[75].

Tal perspectiva provoca o surgimento de questões para se compreender a "chamada auto-organização dos sistemas" e reflexões acerca do papel do terapeuta familiar. Na busca de responder as novas provocações, assinala Zuma, a Terapia Familiar apresenta uma descontinuidade, e, desse movimento, surgem o Construtivismo e o Construcionismo Social. Estudiosos como Humberto Maturana, biólogo, e Heinz von Foerster, ciberneticista, promoveram um resgate de concepções filosóficas reportando a

---

[74] Ibidem, p.3.
[75] Ibidem, p.3-4.

Vico e a Kant e, também, às ideias de Piaget. Maturana e Varela, em estudos da neurofisiologia, definem um pressuposto básico: "o Ser Humano não tem acesso objetivo à realidade. O que concebemos como realidade são construções que fazemos socialmente em linguagem"[76]. Acontece, assim, um deslocamento pelos terapeutas de família do investimento nas "sequências de comportamento a serem modificadas para os processos de construção da realidade e identidade familiar, para os significados gerados no sistema, incluindo nele o terapeuta"[77].

O modelo da prática médica acoplado às práticas psicoterápicas entra em questionamento com essas novas ideias, tais como "diagnóstico, modelos etiológicos e categorias psicopatológicas"[78]. Assim:

> A própria ideia de família, ou melhor, a unidade que vem à terapia vai ser questionada. Como diz Goolishian e Winderman (1989): "Não é o sistema que determina o problema, mas é o problema que determina o sistema." Em outras palavras, **são aquelas pessoas que distinguem uma determinada situação como problemática que serão consideradas como integrantes do sistema terapêutico.** Essas premissas estenderam a terapia sistêmica para além das fronteiras da família. Hoje vemos trabalhos tanto com o indivíduo como com comunidades e redes sociais que utilizam o referencial sistêmico[79].

Este é um resumo da história da terapia de família, e sublinho que o referencial utilizado pelo Projeto Golfinhos tem ressonância com o sistêmico-construtivista. A terapia de família não tem uma construçao uniforme ou linear, e, dentro de sua construção, encontram-se, além da escola de terapia construtivista e construcionista social, outras escolas, tais como a estratégica e a estrutural.

---

[76] Ibidem, p.3.
[77] Ibidem, p.3.
[78] Ibidem, p.4.
[79] Ibidem, p. 4, grifo nosso.

Entre pontos básicos da terapia sistêmica, o sintoma é compreendido como uma expressão de padrões inadequados de interação no interior da família, sendo o que proporciona e impulsiona a família a procurar a terapia. Ao relacionar a percepção de um membro adoecido da família como um representante de uma disfunção nesse sistema familiar, viabiliza-se que, ao ser iniciada uma terapia familiar, o problema possa, assim, ser revelado e trabalhado pelas intervenções terapêuticas com o sistema familiar, sem o responsabilizar por desequilíbrios, mas podendo direcionar um novo olhar sobre o referido membro, como sendo, na verdade, um membro gerador de transformações dentro do sistema familiar.

A responsabilidade do terapeuta deve ser trabalhada na relação com a responsabilidade do sistema familiar e de seus membros, sendo constante a responsabilidade da família e de seus membros no processo, assim como é importante o acreditar na capacidade autorreguladora do familiar. O trabalho deve estar pautado no respeito e na apreciação do outro. Deve estar sempre presente o respeito ético pela autonomia da família, o questionamento pelo próprio familiar deve ser atuante sobre seu próprio pensar terapêutico no percurso do autoconhecimento[80].

Considerando uma possibilidade de transformação, promovida pelo chamado membro gerador de mudanças, no atendimento realizado com o adolescente, estendemos uma compreensão de que o ato infracional cometido pode ter uma relação ao que se compreende como um sinalizador de que algo não está bem, no sentido de revelar que algo solicita atenção no processo de desenvolvimento desse adolescente, articulado não somente com sua família, mas também em seu contexto social, em seu universo sistêmico, demandando mudanças em diversos níveis.

---

[80] FILOMENO, K. **Da cibernética à teoria familiar sistêmica**: um resgate dos pressupostos. Monografia (Terapia Sistêmica), Florianópolis, 2002, p.28-30.

Paiva, Zamora, Vilhena e Silva[81] apontam a importância da obra de Winnicott, que abordou a existência de uma tendência antissocial, sem sentido pejorativo, de crianças em seus estudos, e assinalou que esse comportamento é como um pedido de atenção, de apoio, que se expressa pelo ato que comete, como um sinal que pode, na verdade, apontar para uma esperança de um resgate, de uma experiência acolhedora que vivenciou, em período de seu desenvolvimento, em que existia uma dependência absoluta e que, na fase de dependência relativa, perde tal proteção[82]. Sublinha o autor que a delinquência pode instaurar-se quando o lar suficientemente bom, em seu ambiente acolhedor, falha, diferenciando o comportamento antissocial do delinquente. Winnicott assinalou a importância de um ambiente acolhedor na constituição do sujeito e destaca, sempre, que essa falha poderá resultar no comportamento delinquente de crianças e adolescentes[83]. O adolescente, ao apresentar um comportamento já desenvolvido na delinquência, buscaria uma autoridade paterna que possa dar limite ao seu comportamento impulsivo, por meio da figura de um pai rigoroso, protetor da figura materna, quando encontrada.

Entendo os estudos de Winnicott e a contribuição das autoras que aprofundam os conceitos de sua obra como importantes para nosso trabalho na socioeducação, pois vão ao encontro do entendimento da importância de intervenções a serem realizadas, tanto com a sociedade em relação à infância e juventude, à atenção às necessidades básicas, como com as famílias e adolescentes em cumprimento de MSE.

---

[81] PAIVA, R. L. S. et al. Violência, delinquência e tendência antissocial: sobre a experiência de um atendimento a crianças vítimas da violência em uma favela do Rio de Janeiro. **Revista Estudos e Pesquisas em Psicologia,** Rio de Janeiro, v.15, n.3, p.891-915, 2015.

[82] WINNICOTT, D. W. Retraimento e regressão. In: _____. (Org.). **Textos escolhidos:** da Pediatria à Psicanálise. Rio de Janeiro: Imago Editora, 2000, p. 347-354.

[83] WINNICOTT, D. W. **Privação e delinquência.** 4. ed. São Paulo: Martins Fontes, 2005.

No transcorrer do Projeto Golfinhos, muitas observações, a nível institucional, foram feitas, de maneira livre, sem levantamentos estatísticos. Ocorria uma alternância quantitativa nos atendimentos, relacionada a momentos vividos pela instituição, dentro de suas especificidades, tais como rebeliões, dificuldades institucionais interacionais do corpo de funcionários, mudanças organizacionais e administrativas. Apesar de existirem dificuldades, o projeto alcançou um crescimento e, também, em momentos de incentivo, um amadurecimento, que pôde ser visualizado no processo de desenvolvimento das modalidades que foram sendo construídas. Essas modalidades foram surgindo dentro de um acontecer possível, com uma multiplicidade de aspectos diferenciados observados na prática, a serem trabalhados nos espaços de intervenção individual, familiar e institucional, partindo da própria demanda nos atendimentos, trazida pela família ou pelo adolescente.

O Projeto Golfinhos, em suas modalidades, procurava lidar com os afetos e emoções dos membros da família para contribuir com os adolescentes, que passam por dificuldades em direcionar seu crescimento, sendo compreendido o funcionamento do sistema familiar como implicado nesse processo, assim como a posição de cada um de seus membros. As interações eram trabalhadas, e a possibilidade do aprender, nesse encontro, ampliava as perspectivas, redimensionava e potencializava as capacidades dos membros familiares, promovendo que a família fosse capaz de conhecer e reconhecer seus recursos próprios e fazer bom uso destes.

Quando iniciamos os grupos de familiares e o grupo de adolescentes, enfrentávamos muitas dificuldades institucionais e íamos fazendo os grupos onde era possível. Com o apoio de alguns que acreditavam no projeto, conseguíamos um espaço para a realização dos grupos, não perdíamos a oportunidade de estar com os adolescentes e as famílias. As dificuldades eram de diversas ordens: falta de sala, falta de cadeiras, resistência para fazer as revistas dos familiares ou para trazerem os adolescentes para atendimento.

Certa vez, solicitamos para atendimento todos os adolescentes que estavam com restrição interna de circulação na unidade, por comportamento inadequado. Estavam no alojamento, também usado como "seguro"[84], pequeno e isolado dos outros, como um espaço de castigo ou proteção. Inicialmente, houve resistência para trazerem os adolescentes e, depois de certo impasse e questionamentos sobre o porquê queríamos atendê-los, foram trazidos. Mesmo que tivessem feito alguma indisciplina, essa medida não apontava para um processo socioeducativo produtivo, e, ao ouvirmos, pelos meninos, as explicações por estarem separados, abordamos cada situação e encaminhamos à direção uma argumentação pautada no processo grupal reflexivo, de que todos os adolescentes retornassem aos seus alojamentos e tivessem concluídas tais medidas disciplinares.

Em torno de 1995, lembro-me de uma sala, com uma janela para o pátio onde ficavam todos os adolescentes, talvez 200 a 300, quando os alojamentos eram abertos e não estavam em atividade. O barulho era enorme: adolescentes conversando, interagindo de diversas formas, em alguns dias, jogando bola. Esta era a sala que liberavam e não perdíamos a oportunidade! Embarcávamos no encontro com os grupos, e acontecia um fenômeno interessante: no começo, percebíamos o som externo, nós e os participantes, e, fosse com o grupo de adolescentes ou o grupo de familiares, conforme o processo caminhava, aquele som "sumia" e concentrávamo-nos integralmente na dinâmica

---

[84] Assim denominado o local onde ficam os adolescentes quando ameaçados de agressões ou de morte por outros, seja por diferenças de facções (organizações criminais) ou por atos infracionais, como abuso ou estupro. Procedimento considerado de segurança e controle diário pela gestão da unidade e por agentes de disciplina e educação (socioeducadores).

e vivência grupal. Pensávamos sobre a diferença entre ouvir e escutar. Ouvíamos o barulho do pátio e dos adolescentes, mas escutávamos uns aos outros.

Podemos pensar nessa diferença a todo tempo em nosso cotidiano: o que ouvimos, o que passa como ruído externo e o que escutamos, que ressoa em nosso interior. Era um mergulho no grupo com os familiares e no grupo com os adolescentes. O interessante era que a sala pequena comportava um grupo bem razoável, tal era o desejo de participarem, mesmo que ficassem alguns sentados em mesas da sala. Isso impulsionou que, depois de um tempo, conseguíssemos uma sala maior, que, por vezes, passava de vinte pessoas, apesar de procurarmos ter este como número máximo de participantes. No grupo com os familiares, ampliávamos a participação deles no dia de visita, que era sábado, e, durante a semana, fazíamos vários encontros, nas diferentes modalidades; no grupo com os adolescentes, procurávamos manter um número de oito pessoas, no máximo.

Muitas situações familiares, dolorosas, que seriam informadas ao adolescente, chegavam ao conhecimento da instituição. Eram notícias como a perda de um familiar querido ou algum acontecimento grave. Alguns profissionais da instituição, sensíveis ao impacto que poderiam provocar tais notícias, solicitavam nosso atendimento para abordar, apoiar e intervir junto ao adolescente e à família – o que assinalava uma integração de nosso trabalho com o acolhimento às questões vivenciadas por eles.

Depois de muito tempo circulando com o grupo de adolescentes, por diversas salas, conseguimos uma sala muito espaçosa, próxima às salas da escola, com uma abertura para o céu, pois ela comportava uma árvore frondosa e um pequeno jardim. Cada passo do projeto mobilizava positivamente alguns e negativamente outros, enfrentávamos sempre oposições com motivos diversos, mas também tínhamos apoios que abraçavam a proposta do projeto, lidando com múltiplas forças institucionais.

Tivemos a oportunidade de desenvolver o grupo de adolescentes e o grupo de familiares com participação de agentes socioeducativos, que se voluntariavam para participar, com profissionais de formação em Serviço Social, Psicologia, Psiquiatria, Pedagogia, entre outros, e foi uma experiência também muito significativa a participação de professores, que abriram suas salas de aula para realizarmos, junto a eles, o grupo de reflexão com os adolescentes.

Ninguém era obrigado a participar, e tudo passava pelo desejo de estar ali. Os pais chegavam mais cedo para participar; aos sábados, no dia da visita, e durante a semana, os adolescentes já reconheciam nosso símbolo e pediam para serem chamados. Houve alguns momentos em que certos gestores procuraram obrigar a presença no projeto. Negamos o pedido e afirmamos o princípio da liberdade de pensamento e de expressão, que são garantias de nossas linhas de trabalho.

Os escritos de Félix Guattari[85] foram uma fonte de inspiração e força neste estudo. A todo tempo, era necessário construirmos linhas de fuga, não permitindo o aprisionamento de nosso trabalho a serviço de exercício de poderes arbitrários. Era e ainda é necessário o exercício da resistência à violência, o exercício de buscar e viabilizar a criação de novas produções, sempre trabalhando no caminho de superação da opressão de poderes abusivos dentro do sistema, que não contribuem com o processo socioeducativo dos adolescentes, tampouco fortalecem o protagonismo ou a cidadania.

---

[85] Produções tais como: "As três ecologias" (1990), "Micropolítica: cartografias do desejo" (1996), com Suely Rolnik, entre outros.

3.2.4 | Modalidades de atendimento: breves relatos e produções

Foram desenvolvidas, processualmente, sete modalidades de atendimento no projeto, para um processo de trabalho terapêutico integrado e articulado por meio de suas intervenções. Tudo começou com o grupo de familiares, o Grupo Multifamiliar (GM), um encontro de pais e responsáveis, trazendo suas experiências, dificuldades ou sentimentos de impotência diante de certos impasses, na função parental, ou momentos de enfrentamento de perdas ou vivências traumáticas, oportunizando que o grupo refletisse e que cada um contribuísse com o outro, somando-se essas intervenções às intervenções dos profissionais. Em uma das unidades, o grupo reunia-se aos sábados, no dia de visita familiar; em outra unidade, reunia-se em dia de semana. A primeira permitia a presença daqueles que trabalham e/ou tinham dificuldades financeiras, e a outra forma proporcionava um encontro institucional das famílias, com participação no almoço.

A devolução das famílias participantes na avaliação feita, ao final de cada encontro, apontou para um espaço em que podiam construir coletivamente, bem como trazer questões familiares, sociais, trocando, com outras famílias, diversos embates do dia a dia tão difícil, podendo vislumbrar ações para solução de impasses, assim como no lidar interacional familiar.

Dessa primeira modalidade, nasceu a segunda, chamada de Grupo de Adolescentes Multifamiliar (GAM), realizada com adolescentes cujos pais responsáveis e familiares compareceram ao GM. Foi um espaço produtivo para trabalhar com eles em grupo, com técnicas diversas dentro do paradigma sistêmico, no qual se buscava levar o adolescente, principalmente, a uma conscientização de seu lugar na família e no mundo e das suas possibilidades de mudanças. Minha memória afetiva traz a fala de um adolescente e a dimensão do enfrentamento que fazia parte de suas decisões e escolhas:

> A sociedade trata a gente muito mal. Reunião foi boa porque vi o sofrimento dos outros também sobre a sociedade. Refleti que a vida do crime é caminho errado... na vida do crime já vi muitos tentarem a sorte, muitos se deram bem e outros debateram com a morte... (M., 1999).

Alguns adolescentes pediam para serem chamados e diziam: "quero participar daquele grupo com os golfinhos", referindo-se ao papel usado para solicitar adolescentes para atendimento, que continha o símbolo do projeto, o nome do adolescente e sua matrícula:

FIGURA 2 – PRODUÇÃO GRÁFICA DE ADOLESCENTE PARTICIPANTE DO GAM
AUTOR: A.D.P[86]., 1996.
FONTE: Arquivo do Projeto Golfinhos

---
[86] Identidade preservada do adolescente.

FIGURA 3 – PRODUÇÃO GRÁFICA DE ADOLESCENTE PARTICIPANTE DO GAM.
AUTOR: N. I. L, 1996.
FONTE: Arquivo do Projeto Golfinhos

A compreensão de que adolescentes, cujas famílias não estavam no projeto, eram desejosos de ter um espaço de participação levou ao desenvolvimento do Grupo de Reflexão Multifamiliar (GRM), realizado com adolescentes indicados pela equipe técnica, por outros segmentos da instituição ou que solicitassem participação por meio de indicação de outros participantes. Basicamente, era utilizado o mesmo instrumental e com o mesmo objetivo do GAM.

As intervenções eram feitas de forma a promover uma alta intensidade emocional no atendimento, objetivando resultados em espaços curtos de tempo, de modo que usávamos recursos como "esculturas" familiares, trabalho com fotos significativas, genogramas trabalhados com a emoção e tensão nas relações, narrativas de histórias entre os membros, dramatização de vivências impactantes para superação de conflitos, por traumas internos ou interacionais, prescrição de tarefas, entre outros. Compreendemos que as mudanças, as transformações subjetivas e interpessoais também se dão em meio a conflitos, na vivência de processos dolorosos, críticos.

Recebíamos visitas de alguns adolescentes e familiares após a saída do sistema, assim como telefonemas e correspondência, relatando como estavam caminhando, as dificuldades, as perdas, os progressos e transformações. Mesmo quando a passagem pelo sistema era breve, observávamos que o espaço oferecido tinha uma ressonância em suas vidas.

Considerando as intervenções realizadas e a intensidade emocional dirigida como promotora de reflexões e mudanças, apresento, a seguir, uma das cartas de uma mãe que participou de um grupo multifamiliar e enviou correspondência para a unidade, após sua saída, falando de sua participação:

Carta da mãe do adolescente Breno[87] ao Projeto Golfinhos:

Prontuário: 100

Município do Rio de Janeiro, 17/07/97

Prezada Sra. Maria Terapeuta

Através desta quero lhe felicitar pelo grupo familiar que tens conseguido reunir aos sábados. Infelizmente só fui a uma reunião, e se meu filho for liberado em 20/7/97, não mais poderei assistir as reuniões, pois moro em município nas proximidades do Rio de Janeiro- RJ, na rua acerca do centro, e também as reuniões são para as mães dos internos.

Eu quero apresentar-me: sou mãe de Wilson Breno Souza Diego, 17 anos, prontuário n° 100, entrada em data próxima por agressão a um interno no Abrigo Rainha Victoria em município do Rio - junto com mais dois internos no A.R.V, por estarem tristes e revoltados, por um amigo deles que foi para este internato A.R.V.

---

[87] Todos os dados de identificação, como nomes, datas, endereços, referências de pessoas ou de região, são fictícios.

Enfim, agressão a um "amigo" juntamente com outro.

Sra Maria, eu queria muito ter falado e participado da reunião, mas como foi a 1ª eu me calei, mas eu não deveria ter me calado, pois nossas experiências são úteis para outros que nos ouvem.

Eu verdadeiramente precisava ter participado, era para mim uma oportunidade muito grande, para ajudar meu menino; já procurei tantas entidades, justiça, para me ajudarem a tratar Breno, que já não sei mais o que fazer para ajudá-lo.

Ele é ainda menor por pouco tempo: até novembro/97.

Ele é imaturo, algumas coisas a cabeça dele consegue entender, outras não. Porem, até que as pessoas se dêem conta, de que ele é um tanto retraído, nervoso, com problemas de surdez e familiar, o tempo já passou, e a tendência das pessoas que o cercam, é negligenciá-lo, ou desistir de ajudá-lo.

Ele sempre foi problemático, surdez e nervoso, distúrbios de comportamento. Assistiu anos de Brigas e desentendimento e violência no lar: pai agredia a mãe, por causa de drogas e mulheres. até os 3 anos de idade.

Avó = sempre muito nervosa, obesa, negativa, palavrões, agressão na mãe e desentendimento, quanto a criação dele e o irmão menor; sempre apoiava os erros.

Avô: alcoolatra; queria deixar o alcool, mas não conseguia; alemão, bem grosseiro às vezes, porém, amava muito a mãe e os netos; porém devido ao alcoolismo, era homem violento, chegando também a agredir com ações e palavras a mãe; financeiramente ajudava muito, mas, juntamente com avó, sempre pensaram em não concordar com ações da mãe, que eram boas e não criar os filhos fora dos caminhos de Deus.

Era homem honesto, bom, caseiro, boa índole, porém violento ao beber e ao ser contrariado em suas vontades.

Os meninos ficavam na maioria dos dias junto com eles. Porém, os palavrões, as palavras negativas, de querer morrer, de ser pessimistas, e mentiras para a mãe, complicou a situação dos meninos em relação à mãe e ao mundo.

Ao mesmo tempo em que era violento, era bom, queria ajudar em tudo a sua maneira.

Não acreditando que o W. Breno era doente dos nervos, nem surdo; quando dava crise de nervos no menino, o segurava rudemente, não deixando que a ambulância muitas vezes o levasse para uma consulta e medicação.

Assim, o tempo passou; Breno foi ficando cada vez mais nervoso; e, eu sem poder tratá-lo porque trabalhava fora; até que ficou em colégio interno, para aprender disciplina, limites, regras; mas, seus avós não concordavam, sempre o lançando contra mim; e, desta maneira, foram colocados em + ou - 9 colégios (interno e externos), sempre os 2 meninos juntos.

Até que a juíza o colocou no E.R.V, (município do Rio) Educandário Rainha Victória, ali ele piorou, pois devido a sua mente captar só coisas negativas e agressividade, assistia mais alguns e acabou conhecendo a erva..., e logo após passados alguns anos, foi colocado novamente no ERV, sozinho, sem o irmão, isto piorou sua situação.

Foi ao E.R.V., onde agrediu juntamente com 2 outros meninos, um outro colega seu, e acabou no Padre Severino;

A anos, estou lutando para conseguir um tratamento neurológico para ele, sem êxito algum; estou escrevendo porque penso que perdi uma grande oportunidade este sábado, de uma orientação tua em grupo.

Aqui neste município do Rio, não temos estas reuniões.

O outro menino, Pedro Breno, está estudando em colégio interno, e conseguiu se recuperar; pois não tem muito contacto com seus avós; nem mesmo vem em casa, recuperou bem, e me trata bem; antes não me tratava bem.

Este que está neste Instituto, não sei como ajudá-lo; pois não consegue enxergar os perigos a sua frente, e acredita em todos seus amigos, e colegas[88].

Sua carta assinala uma breve participação no GM como mobilizadora de reflexões, reconhecimento da necessidade de um espaço

---

[88] Grafia original. Sem correções. Fonte: Arquivo do Projeto Golfinhos.

para trabalhar questões internas, para superação de conflitos, com reorganização do sistema familiar, e, diante da saída do adolescente da unidade, a demanda imediata do núcleo familiar, de Wilson Breno ser encaminhado para abordagem psicoterápica familiar.

Transmitindo um pouco mais de produções do projeto, a seguir, algumas falas dos adolescentes que participavam do grupo de adolescentes (GAM e GRM):

> Este grupo família me ajudou a pensar na vida... não é porque sou infrator que vou continuar nessa vida errada, não vou... aqui nesta vida vou voltar a ser bom, estudar e respeitar minha família... (F., 1999).
>
> Essa reunião foi legal porque eu refleti a mente e descobri o que eu poderia fazer para ajudar a população e vi que essa vida não vale a pena para mim e para ninguém, que essa é uma vida sem futuro, só de desgraça. Obrigado por ajudar eu pensar melhor, [técnicos] R., C. e T. (J, 1999).

Outras produções dos adolescentes em suas participações:

FIGURA 4 – PRODUÇÃO GRÁFICA DE ADOLESCENTE PARTICIPANTE DO GRM
AUTOR: G. A., 1996
FONTE: Arquivo do Projeto Golfinhos

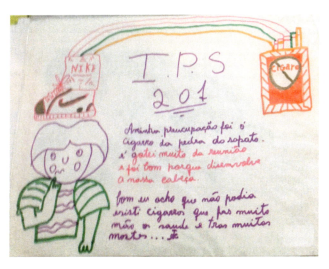

FIGURA 5 – PRODUÇÃO GRÁFICA DE ADOLESCENTE PARTICIPANTE DO GRM
AUTOR: A. A., 1996
FONTE: Arquivo do Projeto Golfinhos

Muitos atendimentos, muitas histórias de vida. A produção dos adolescentes, feita na dinâmica do grupo, permitiu que observássemos, em evidência, durante o transcurso do processo, um lado amadurecido pela vida e pela compreensão de questões em torno de sua história, e em outro, na produção escrita e gráfica, a possibilidade do lúdico, projetada nos desenhos, que permitiam que brincassem com suas fantasias e, ao mesmo tempo, fizessem pontes com as realidades. Quando apareciam dificuldades de escrever, procurávamos auxiliar na produção da escrita e consideramos que tal questão apontava para um sistema educacional com muitas lacunas e necessidades de mudanças. Outra observação era a enorme carência de atenção e necessidade de contato com profissionais de referência positiva e acolhedora.

Na realização dos grupos e atendimentos desses adolescentes, usamos músicas, livros infantojuvenis e psicopedagógicos, para fluir a dinâmica entre os participantes e facilitar a expressão emocional. Utilizamos literatura infantojuvenil, com livros como *Uma pedra no sapato*; *Uma história de amor*; *Pinote, o fracote, e Janjão, o fortão*; *Nicolau tinha uma ideia*; e *O frio pode ser quente?* (referências desses livros a seguir), assim como fizemos uso de textos e outros materiais, estimulando a reflexão e orientação. Além disso, eram realizadas dinâmicas de grupo voltadas ao sistema familiar, mas garantindo espaço para o emergente surgir.

Alguns livros infantojuvenis utilizados no Projeto Golfinhos:

 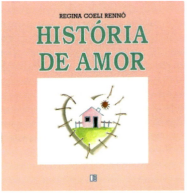

FIGURA 6 – LIVRO INFANTOJUVENIL
FONTE: MAZUR, D.; GWINNER, P. **Uma pedra no sapato**. 3. ed. Editora de Orientação Cultural

FIGURA 7 – LIVRO INFANTOJUVENIL
FONTE: RENNÓ, R. C. **História de amor**. BH: Lê, 1992

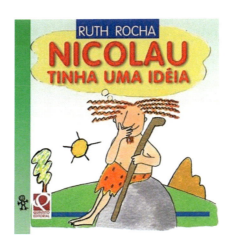

FIGURA 8 – LIVRO INFANTOJUVENIL
FONTE: ROCHA, R. **Nicolau tinha uma idéia**. 3. ed. São Paulo: Quinteto Editorial, 1998. (Coleção Hora dos Sonhos)

FIGURA 9 – LIVRO INFANTOJUVENIL
FONTE: MASUR, J. **O frio pode ser quente**? São Paulo. Ática, 1991.

FIGURA 10 – LIVRO INFANTOJUVENIL
FONTE: ALMEIDA, F, **Pinote, o fracote, e Janjão, o fortão**. São Paulo: Ática, 2000.

No percurso dos grupos, observamos muitas demandas a serem trabalhadas e construímos, então, a quarta modalidade: a Intervenção Familiar Breve (IFB), realizada com o núcleo familiar do adolescente, que poderia ser indicado pela equipe, por outro segmento institucional ou por avaliação, por meio de participação no GM. Trabalhamos com técnicas terapêuticas familiares que possibilitavam uma intervenção com resultados em curto prazo, como apontado anteriormente.

Situações singulares foram vivenciadas em atendimentos, as quais apontam para questões a serem trabalhadas no sistema familiar. Por exemplo, em atendimento a um núcleo familiar, sentados em roda e desenvolvendo uma dinâmica de intervenção construtivista, em certa ocasião, um adolescente falou, no transcorrer do trabalho: "Sabe, é a primeira vez que conversamos assim, sentados, um olhando para o outro, em geral em casa as pessoas falam andando, ou ocupadas com outras coisas". Não havia diálogo no sistema familiar, a vivência na dinâmica proporcionou a eles uma experiência de como poderiam ampliar esse espaço dentro de casa.

Outras questões, que assinalam a importância de trabalhar também as relações dentro do sistema familiar, são aquelas que revelam a existência de abuso/violência psicológica, estabelecida entre os membros da família.

Certa vez, durante um atendimento familiar, no qual a família do adolescente apresentava sérias dificuldades emocionais, interacionais e encontrava-se permeada por violência doméstica, apareceu como uma afirmativa na fala do pai do adolescente: "É meu filho, faço o que quiser com ele". O filho relatou que o pai o agredia violentamente, mas, como era seu pai, não tinha como se defender, por isso fugia para as ruas e usava drogas para aliviar sua cabeça. Trabalhamos, nesse núcleo familiar, a questão da violência, abordada com o pai, ciente de que seus atos violentos desrespeitavam o adolescente, e o reconhecimento do sofrimento dele, do uso de drogas, além de encaminhamentos feitos para tratamento e orientação na rede de saúde aos membros da família, em suas demandas.

No mesmo rumo da modalidade anterior, desenvolvemos uma intervenção em grupo de famílias, denominada Intervenção Multifamiliar Breve (IMB), realizada com múltiplos núcleos familiares de adolescentes. Essas intervenções têm a participação de dois a quatro núcleos familiares, indicados após uma avaliação prévia para o atendimento. A avaliação e a organização são feitas no sentido de o grupo com diferentes núcleos poder ter resultados mais produtivos. Objetiva-se nesse encontro promover reflexões nos participantes e ampliar as possibilidades de trabalhar questões emocionais desses núcleos, que ao ouvirem suas histórias, as ressonâncias, assim como as diferenças existentes, mobilizam-se de forma mais produtiva. Tal intervenção era feita com atenção a fim de não perder a singularidade de cada um, mas potencializando os resultados com as dinâmicas utilizadas e na intensidade emocional que se estabelecia no encontro.

Os vários tipos de grupos emergiam a partir do campo das novas possibilidades de intervenção, sem planejamento prévio. Alguns adolescentes demandavam um atendimento individual para trabalhar questões relativas à sua matriz familiar. Então, organizamos uma modalidade voltada a essa especificidade, o Atendimento Individual Sistêmico (AIS), ampliando sua reflexão acerca de seu projeto de vida e suas escolhas.

Cabe apontar que a unidade, em sua administração específica, absorveu bem as diferentes modalidades. Na verdade, poderia dizer que, sem saber exatamente como se davam e o que fazíamos exatamente, pois não dominavam a teoria ou a prática, observavam que os pais e adolescentes ficavam mais tranquilos ou davam relatos produtivos da participação após o atendimento. Apesar de, na época, o diretor técnico ser um profissional de nível superior de uma das áreas da equipe técnica, em geral, tinha um conhecimento melhor e podia intermediar com a direção da unidade, eu acredito que alguns dos que ocuparam essa direção, por não serem de nossa área técnica, não sabiam exatamente quais eram as diferenças nos atendimentos, mas conseguíamos permissão, em diferentes gestões, que abrangia podermos trabalhar com as famílias e os adolescentes, em grupos ou em atendimentos terapêuticos, focados em núcleos familiares. Os detalhes do atendimento, o paradigma vivencial e construtivista utilizado e as especificidades das dinâmicas não eram de domínio da maioria, mas não impediram seu desenvolvimento. De fato, a cobrança era para que atendêssemos as regras de horário institucional, o espaço utilizado, enfim, entendiam que respeitávamos o coletivo e podíamos realizar o trabalho, sendo certo também que alguns profissionais conheciam a diretriz do trabalho e apoiavam sua existência, com reconhecimento de seu alcance terapêutico.

Em certa ocasião, já depois de terem sido desenvolvidas as modalidades, um diretor da unidade, depois de passar muitos dias olhando para dentro da sala do GM, pelo vidro de uma janela, solicitou que um de seus agentes entrasse no grupo de familiares. Concordamos, pontuando somente a exigência de que não poderia ficar como observador. O agente socioeducativo entrou no grupo e, junto com todos, como sempre fazíamos, foi informado de como se desenvolvia o encontro e a participação de cada um. No desenrolar do grupo, com o aparecer das histórias e narrativas, a intensidade emocional do encontro mobilizou-o de tal forma que não pôde prosseguir, solicitou sair, alegando atividades externas a fazer.

A sétima e última modalidade desenvolvida foi o Ciclo de Palestras Multifamiliar (CPM), realizado com profissionais que trabalhavam na área de Terapia Familiar Sistêmica, ou áreas afins, para auxiliar na formação de profissionais do Degase. Consistia em palestras para ampliar a compreensão da importância do trabalho com as famílias e promover uma troca produtiva entre os participantes. Tivemos a realização de alguns encontros, com profissionais que contribuíram com a proposta do projeto, e participamos de diversos eventos científicos, apresentando os resultados do trabalho desenvolvido.

Em algumas oportunidades, a equipe do Golfinhos foi convidada para implantar o projeto em outros estados do Brasil, mas não foi possível alcançarmos tal proposição, diante de tantos impasses, como dificuldades de financiamento para irmos para outros estados, dificuldade nos contatos entre as instituições do sistema socioeducativo e entre seus representantes, inviabilizando nossa liberação referente ao horário de trabalho, entre outros aspectos institucionais que apontam para obstáculos a serem superados, para melhor fluidez entre os trabalhos existentes no sistema socioeducativo a nível nacional. A partir do SINASE[89], com a proposta da realização do FONACRIAD (Fórum Nacional de Dirigentes Governamentais de Entidades Executoras da Política de Promoção e Defesa dos Direitos da Criança e do Adolescente), foi promovido um espaço extremamente rico de intercâmbio entre gestores, desdobrando novas ações no campo de execução das medidas socioeducativas em cada estado.

Durante a realização do Projeto Golfinhos, procuramos trazer a participação interdisciplinar entre os socioeducadores, em todos os níveis e formações. Participações de professores, agentes socioeducativos, psicólogos, pedagogos e assistentes sociais foram acontecendo no transcurso de sua realização. Em todos os atendimentos, seja com familiares ou com adolescentes, em suas diferentes modalidades, foram feitos registros do processo vivido, assim como foram arquivados todos os materiais

---

[89] BRASIL. Lei n.º 12.594, de 18 de janeiro de 2012. Institui o Sistema Nacional de Atendimento Socioeducativo (Sinase), regulamenta a execução das medidas socioeducativas destinadas a adolescente que pratique ato infracional e altera outras leis. **Diário Oficial da União**, Brasília, DF, 19 jan. 2012a.

que faziam parte do trabalho, como a produção escrita e gráfica dos adolescentes e/ou responsáveis, feitos no momento da avaliação do trabalho proposto, sendo sempre sugerida aos participantes uma avaliação da vivência e da sua participação, do aproveitamento do processo reflexivo acerca das questões abordadas. Os participantes realizaram depoimentos, registros da vivência grupal, por meio de produção escrita ou gráfica, ou com relatos verbais que anotamos, acerca de resultados pela participação. A equipe do projeto também desenvolvia avaliações sistemáticas e periódicas do trabalho desenvolvido, com registros e arquivamento do conteúdo.

No percurso do projeto, propostas para a continuidade do trabalho surgiram como *feedback* do próprio projeto, como a continuação na interação com a rede interna, construída institucionalmente, somada à proposta de preparação de profissionais em todo Degase, que possam intervir dentro da perspectiva do projeto e do Programa Golfinhos de Atenção às Famílias[90], que abordarei mais adiante, elaborado em 2002 e atualizado em 2012, para implantação no sistema socioeducativo do Rio de Janeiro. Porém, diante do jogo de forças presente em período anterior e na atualidade, assim como o lidar com poderes institucionais controversos, não foi possível sua implantação.

Consideramos, desde antes de 2000, que, dentre as políticas públicas que demandam efetividade, a necessidade de construção de uma rede de atendimento especializado, de orientação e informação, faz-se presente para a assistência aos familiares e adolescentes. Foi assinalada pelos familiares uma lacuna a ser reparada, com a construção de uma rede social que ofereça uma perspectiva ampliada e efetiva de mudança e acompanhamento sistemático.

---

[90] SILVA, M. T. A.; LEITE, R. P. (Colab.). **Programa de atenção às famílias** – Espaço Golfinhos. 2002 – Documento Interno: Rio de Janeiro. Secretaria de Educação do Estado do Rio de Janeiro/ Departamento Geral de Ações Socioeducativas – DEGASE.

A importância de sistematizar a metodologia do Golfinhos e relatar suas modalidades de atendimento foi evidenciada, uma vez que as modalidades desenvolvidas no contexto do projeto forneceram mais acesso aos dados dos atendimentos e à análise de seus impactos processuais, a médio e longo prazo.

3.3 | Procurando o caminho da socioeducação

Retomando meu histórico institucional, no Instituto Padre Severino (IPS), muitas resistências ao trabalho das equipes foram enfrentadas, não somente por parte dos chamados agentes educacionais e de disciplina, como também de profissionais da própria equipe técnica; além disso, sublinhamos participações e suportes vindos de representações diversas. Eu, a pedagoga que desenvolvia o projeto junto a mim e nosso parceiro, na outra unidade, conseguimos somar alguns apoios essenciais propondo participação interdisciplinar; assim, trabalhávamos continuamente a conscientização de socioeducadores acerca da proposta do projeto.

Além de lidar com muitas mudanças de direção da unidade, de 1994 a 2001, a rotatividade na gestão das unidades e do departamento, dentro de períodos curtos, fragmentava os trabalhos existentes, assim como a rotatividade de funcionários e de secretarias: o SSE, do Estado do Rio de Janeiro, enfrentou diversas transferências de Secretarias de Governo, sendo, no período de 1994 a 2008, vinculado a doze diferentes secretarias[91]. Em 2002, junto a essa realidade política, de mudança de gestão e direcionamento de ações, enfrentando também o fato de uma das profissionais ser transferida para a EJLA e, depois de muita luta, ter

---

[91] LOPES, E. R. **A política socioeducativa e o Degase no Rio de Janeiro**: Transição de paradigma? Jundiaí: Paco Editorial, 2015, p. 17.

retornado à unidade, procurávamos prosseguir o trabalho. Porém, em determinado período, por estarmos com uma direção mais rígida na unidade IPS, dificultando a realização do projeto, ele foi interrompido por essa gestão "dura". Em um encontro que aconteceu em meados de 2002, com o gestor geral do departamento, que conhecia a proposta do trabalho e perguntou por suas atividades, ele foi informado de que, naquele momento, mediante tantas barreiras, estávamos com as atividades suspensas. Diante de seu pedido de retorno do projeto, apresentamos a inviabilidade de um trabalho de atenção às famílias ficar à mercê de gestões que mudavam toda hora. Se o departamento acreditava na importância do trabalho com as famílias, deveria investir na criação de um programa, podendo desenvolver uma proposta de alinhamento com implantação do projeto nas unidades. Isso foi aceito pelo gestor e, para tal, seríamos transferidas para uma equipe da coordenação para investir nessa construção.

Efetivou-se, então, no final de 2002, nossa transferência do Padre Severino, a convite do diretor geral da época, para as coordenações dos CRIAAD e das unidades fechadas (CRI-CAI)[92], com objetivo de elaborar e construir o programa de atenção às famílias e desenvolver sua implantação. Nossa transferência somente aconteceu após meses de espera. Chegando à coordenação, estávamos quase no final do ano, trabalhando muitas horas seguidas, "viramos noites", trabalhamos finais de semana, para conseguir elaborar o programa e, finalmente, entregamos o material em torno de final de dezembro. Em janeiro, houve nova mudança de direção, e o programa ficou sem apoio. A nova gestão solicitou, então, um "dossiê do Golfinhos" (sic), solicitação que não compreendemos nem atendemos.

O Projeto Golfinhos, apesar de ter frentes de apoio, enfrentou muitos momentos adversos, inclusive após essa

---

[92] Coordenadoria de Recursos Integrados (CRI) - Coordenadoria de Atendimento Intensivo (CAI) - (ambas hoje extintas).

mudança de direção do departamento, acompanhando mudanças políticas na gestão do Estado. Logo após concluirmos a proposta para o Programa Golfinhos de Atenção às Famílias, deram-se transferências de seus três realizadores, em 2003, para unidades distanciadas de onde trabalhávamos e, também, fomos separados uns dos outros para lugares distantes da Ilha do Governador, possivelmente por "castigo" de estar trabalhando em consonância com a gestão do diretor anterior. Conseguimos, ao final, que duas de nós ficassem na Ilha, no Polo de Liberdade Assistida[93]: a pedagoga, no Polo Ilha, e eu, no Polo Zona Oeste. O outro participante, o psicólogo, que estava lotado em unidade na Ilha, foi transferido para um polo completamente diverso, distante. Diante do que sofreu, procurou apoio, e sua transferência foi solicitada para outra instituição do Estado, para se preservar de atitudes do uso do poder de forma arbitrária, em função de termos tido o reconhecimento da gestão anterior do trabalho com famílias e atendido à solicitação de ampliar a proposta para um alinhamento no departamento.

Muitas vezes, ocorreu o movimento de desarticular o Projeto Golfinhos e impedir sua interação com outros serviços, e esses impedimentos, continuam ainda na atualidade, por exemplo, ainda em 2015, mesmo com o reconhecimento do gestor do departamento sobre os resultados desse trabalho e um pedido informal para sua implantação, estando o projeto inativo há vários anos, não se conseguiu reimplantá-lo ainda.

Aqui faço um aparte. No jogo de forças da instituição, a transferência de profissionais, por vezes, aconteceu como um castigo ou um prêmio, que perpassavam questões não de mérito profissional, mas atravessadas pelas questões políticas e pessoais no embate de forças institucionais. Acredito que, mesmo com algumas dificuldades, hoje se aponta para uma relação mais

---

[93] Medida ainda executada na época pelo DEGASE, em que, diante das dificuldades da gestão da unidade da época, realizamos algumas modalidades do projeto de maneira anônima.

transparente e respeitosa com os profissionais, depois de movimentos feitos pelos servidores e, também, após mudanças de gestão desde aquela época.

Impasses enfrentados pelo Estado, em torno do ano de 2002, para resolução da sede de uma das unidades de atendimento da Liberdade Assistida (LA), na época de nossa transferência, para polos diferentes, permitiram que duas integrantes do projeto estivessem próximas e podendo realizar intervenções dentro das diretrizes do trabalho que desenvolviam. Realizamos algumas modalidades do Projeto Golfinhos, mas sem assim nomear, pois havia uma "opressão" sobre nossa atuação, e fomos conquistando, aos poucos, uma abertura para os grupos de adolescentes e atendimentos aos núcleos de famílias.

No Grupo Multifamiliar, conseguimos desenvolver os encontros de forma mais livre, com as famílias dos adolescentes que estavam em nosso acompanhamento da medida socioeducativa. Apesar de o Grupo de Famílias, que era realizado pelas equipes do Polo de LA Ilha e Zona Oeste, ter um direcionamento para que fosse desenvolvido de acordo com temas específicos para cada encontro, preestabelecidos, trabalhávamos conforme a proposta do Golfinhos, focando no que era emergente do grupo, e não em temas predeterminados. Assim, permitíamos que os pais/responsáveis construíssem o encontro de forma coletiva, junto conosco, sempre utilizando o referencial da Teoria Sistêmica com a contribuição do Construtivismo, como já mencionado, e o mesmo referencial em relação às abordagens nos grupos de adolescentes e com os núcleos familiares.

A medida de Liberdade Assistida foi municipalizada em 2008, e passamos, então, a profissional da Pedagogia e eu, a fazer parte da equipe de Assessoria de Medida Socioeducativa e Egressos, onde contribuímos, junto com outros integrantes, com a proposta de formação dos profissionais do município para o atendimento da LA. Depois de certo tempo, a pedagoga foi para outra unidade, e, em 2009, fui convidada para assumir a direção da Divisão de Psicologia, na qual desenvolvi múltiplas ações, durante os seis anos seguintes, até agosto de 2015.

Sublinho aqui uma atuação, que procuro que seja contributiva. Desenvolvo, durante o tempo em que venho atuando no sistema socioeducativo, minha participação em Grupo de Trabalho (GT), com direcionamento a avanços e mudanças no sistema e novas formas de desenvolver a socioeducação. Fui convidada a trabalhar no GT para implantação do Plano Individual do Adolescente (PIA)[94], em dois momentos diferentes. Também participei do GT para implantação da visita íntima, do GT para elaboração do Programa de Saúde e Sexualidade. Os resultados desses dois processos estão compondo parte desta apresentação, desenvolvida mais adiante. Participei do GT para elaboração coletiva do Programa de Atenção às Famílias, que tem relações com os trabalhos com famílias realizados no Degase e com contribuições apresentadas também pelo Projeto Golfinhos e pelo Programa Golfinhos de Atenção as Famílias. Na trajetória de meu percurso, assinalo o uso de dispositivos singulares na socioeducação, na atenção às famílias e adolescentes, sendo necessário transpor impasses institucionais, trabalhando, por exemplo, numa perspectiva de ampliar oportunidades de convivência familiar e intervir junto aos sistemas familiares de forma produtiva para a superação de conflitos. Há um ponto de encontro traçado entre o Projeto Golfinhos e as ações socioeducativas, nas quais acredito que o trabalho a ser desenvolvido envolve a continuidade do investimento em relações afetivas e significativas para os meninos e as meninas que passam pelo sistema socioeducativo, em que ações

---

[94] A construção do PIA compõe uma das ações no acompanhamento socioeducativo do desenvolvimento pessoal e social do adolescente, elaborado com metas e compromissos do adolescente pactuados com sua família durante o cumprimento de sua medida socioeducativa. É um instrumental que traz contribuições em seu processo socioeducativo. RJ: DEGASE, 2014. Disponível em: <http://www.degase.rj.gov.br/documentos/PIA_Orientacoes_Manual.pdf>. Acesso em 14 nov. 2017.

direcionadas à sua saúde física e mental deverão abarcar dispositivos de transformações, como o trabalho com famílias, sempre.

Essas indicações de minhas contribuições, entre outras[95],
assinalam meu desejo de impulsionar o sistema socioeducativo
para mudanças necessárias, mesmo que enfrentando adversidades e momentos difíceis nessa construção coletiva, compreendendo, pela minha atuação, que a implantação, no sistema, de
novas ações voltadas a adolescentes e familiares é parte desse processo, vinculada ao PIA e o Projeto Golfinhos. Acredito, também,
que todos esses trabalhos estão entrelaçados com o objetivo de
proporcionar ao adolescente a construção de um projeto de vida,
em que tenha a oportunidade de exercer sua cidadania realmente.

Trabalhar com os adolescentes em conflito com a lei e com
suas famílias continua a ter, na atualidade, uma enorme demanda,
diante do ainda crescente número de adolescentes sendo encaminhados a medidas restritivas de liberdade e da permanência
da violência no cotidiano do Estado, assinalando a ineficácia de
políticas públicas e, ainda, a existência de famílias em situação
de miséria ou de outras violências. Além disso, há o crescimento
de medidas, por parte do Estado, de caráter meramente crimina-
lizantes e repressivas e a falta de orientação da população para
requerer seus direitos e exigir dignidade em sua existência.

A prática pautada em Direitos Humanos no foco deste trabalho é essencial, acreditamos que as possibilidades de transformações na sociedade estão diretamente relacionadas com a consideração a tais diretrizes, para a construção de um efetivo atendimento à adolescência em conflito com a lei e às suas famílias,
com os direitos e deveres reconhecidos, de forma a garantir o que
é de fato determinado.

---

[95] Contribuição ao Projeto Pedagógico Institucional (PPI) do DEGASE, ao processo de elaboração
dos Projetos Político-Pedagógicos (PPP) das unidades, à Carta de Lagoa Santa, à implantação
do PIA junto às equipes técnicas, à sensibilização de funcionários ao alinhamento estratégico e
operacional e à elaboração de diretrizes em Saúde Mental.

Por certo, não é um trabalho isolado que dará conta das demandas existentes, mas a integração de todas as mudanças que se fazem necessárias dentro da área, no sentido de proporcionar o acontecer de transformações que oportunizem novos paradigmas. Promovendo a possibilidade do surgimento de novas criações, abre o espaço para a emergência de singularidades, para uma produção coletiva de subjetividades, assim como a elaboração de recursos para engendrar produções e ações criativas. Acredito, motivo pelo qual é apresentado aqui, que um trabalho com as famílias deverá abranger modalidades como as propostas pelo projeto apresentado, pois muito poderá ser trabalhado com os adolescentes e familiares na construção contínua e organização de seu núcleo familiar. Tais modalidades poderão potencializar as intervenções referentes às questões relativas à afetividade, acerca da convivência familiar e comunitária, e a abordagem das suas histórias e memórias, muitas vezes ocultas. Essa perspectiva, das histórias e memórias, será abordada de forma mais detida no próximo capítulo.

4

MEMÓRIA DE VIDA E HISTÓRIAS REAIS

Neste capítulo, apresento algumas reflexões acerca da temática da memória, da narrativa e da história, e as relações existentes com minha prática profissional em Psicologia, dentro do sistema socioeducativo. Farei aqui uma nova abordagem para a reflexão do que busco relacionar com o conceito de memória subterrânea, com as histórias de vida desses adolescentes. Tais histórias permeiam os atendimentos realizados com adolescentes e familiares no processo socioeducativo. Associo, num lampejo, este trabalho a uma frase de Benjamin: "Articular historicamente o passado não significa conhecê-lo 'tal como ele propriamente foi'. Significa apoderar-se de uma lembrança tal como ela cintila num instante de perigo"[96]. Perigo relacionado a algo importante a ser revisto e significado, perigo e temor de entrar em contato com verdades difíceis de lidar. Perigo de enfrentar conflitos, por vezes transmitidos entre gerações, de conhecer tramas sociais, institucionais e familiares que precisam ser desveladas, para se dar um salto de qualidade na vida e nas relações.

Procuro refletir sobre a importância da escuta cuidadosa às histórias de vida das famílias e dos adolescentes e de uma intervenção que viabilize o alcance de compreensão de sua própria história, sua significação e via de ressignificação. Trata-se de valorizar a experiência de poder compartilhar seus enfrentamentos, muitas vezes solitários, do cotidiano social, cheio de embates e impasses, tanto no nível sociocomunitário como no político-econômico-jurídico.

---

[96] BENJAMIN, W. **Magia e técnica, arte e política**: ensaios sobre literatura e história da cultura. Tradução de Sérgio Paulo Rouanet. 7. ed. Obras escolhidas, v. 1. São Paulo: Brasiliense, 1994, p. 224.

Desenvolvo, de forma breve, uma apresentação baseada em contribuições de Walter Benjamin, sobre a relevância de escovar a história a contrapelo, ou seja, fazer aparecer as histórias que não são as oficiais, mas aquelas que não foram contadas, a história que não é a dos vencedores, e sim dos oprimidos[97]. Abordo os escritos de Maurice Halbwachs, acerca da memória individual e coletiva e da história; procuro articular o conceito de memória subterrânea de Michael Pollak, a questão das narrativas e sua marca micropolítica na transmissão de vivências que não estão inscritas na "história oficial"; e, respectivamente, incorporo algumas produções de Pierre Nora e Jeanne Marie Gagnebin, acerca da memória-arquivo e de rastros e testemunho.

4.1 | Uma breve abordagem: o adolescente, a instituição e a sociedade

Segundo Löwy[98], Walter Benjamin, ao iniciar os escritos de suas teses, em suas notas preparatórias, afirma suas diretrizes do método anti-historicista que adota:

> O momento destruidor: demolição da história universal, eliminação do elemento épico, nenhuma identificação com o vencedor. A história deve ser escovada a contrapelo. A história da cultura como tal é abandonada: ela deve ser integrada à história da luta de classes[99].

Para Benjamin, "todo documento da cultura é ao mesmo tempo documento da barbárie" (Tese VII). Esta é uma concepção dialética da cultura. A barbárie e a cultura, como opostos excludentes, são, para Benjamin, uma unidade contraditória. O autor

---

[97] LÖWY, M. "A contrapelo". A concepção dialética da cultura nas teses de Walter Benjamin (1940). **Lutas Sociais**, São Paulo, n. 25/26, p. 20-28, 2º sem. de 2010 e 1º sem. de 2011.

[98] LÖWY, 2011, p. 21.

[99] BENJAMIN, 1981, p. 1.240 apud LÖWY, 2011.

entende que aqueles que são historicistas, que contam as histórias oficiais, são identificados com os vencedores, a classe dominante. Para ele, "contar a história a contrapelo" é poder falar da história dos vencidos, poder analisar os troféus dos vencedores e compreender que esses ícones de triunfo podem ter uma representação de opressão implícita nesse poder de conquista e vitória[100].

De acordo com Löwy, os estudos em torno das contribuições de Walter Benjamin sobre a cultura trazem ideias que não se distanciam da concepção geral da história, sendo bem heterodoxas e subversivas, ideias do seu engajamento político em favor das classes oprimidas. "Seu objetivo é menos o de promover uma nova teoria estética que o de despertar a consciência revolucionária"[101].

No cotidiano institucional socioeducativo, no acompanhamento aos adolescentes e às suas famílias, em suas histórias, pode-se observar o enfrentamento de dificuldades, os impasses e as violências que não se remetem, unicamente, a conflitos vivenciais dentro de uma instituição, sendo evidente que, quando acontecem, certamente, devem ser trabalhados os impasses e abolidas, integralmente, quaisquer violações de direitos. Isso demanda, de todos os socioeducadores, uma implicação ético-política, não só com sua prática e no investimento do alcance do exercício da socioeducação em sua integralidade, como na consideração de todas as normativas que compõem o sistema de garantia de direitos da infância e juventude. Voltarei ao tema mais adiante. Contudo, aqui o foco é abordar a possibilidade de intervenção junto aos núcleos familiares, promovendo transformações a partir de suas narrativas e histórias interacionais e transgeracionais.

Lembro de certo atendimento com a mãe de um adolescente, quando esta me relatou, com detalhes, uma execução

---

[100] LÖWY, 2011. p. 21.

[101] Ibidem, p.20-21.

feita em público pelos envolvidos com o tráfico de drogas na região. No início de sua fala, evidenciou a violência do que havia vivido e a necessidade de poder contar para alguém que confiasse, sem colocar-se na linha de ameaça pelo grupo do tráfico de sua localidade.

Contou o fato detalhadamente, desde a exposição inicial da vítima por um grupo da comunidade, feita a todos, num local onde colocaram diversos pneus em torno dela e queimaram-na, como um exemplo do que aconteceria se alguém traísse o grupo ou fizesse qualquer ação que não gostassem. Fato e imagem chocantes, ação atroz e violenta, parte de um cotidiano de muitas comunidades do Rio de Janeiro. Na época, isso não era conhecido, mas hoje sim, após a morte do jornalista Tim Lopes, que trouxe à tona tal atrocidade, entre outras.

O que foi possível fazer, naquele momento, foi escutá-la, acolher seu desespero por ter presenciado tal situação, orientá-la em opções para encaminhar seu relato, caso quisesse denunciar, mas, principalmente, apontar caminhos para lidar com seu filho e família na reflexão sobre o respeito à vida e a promoção de mudanças quando necessário.

Assim como escutei esse relato, entre outros, de situações de violência cometidas pelo tráfico de drogas na comunidade, ou por outros grupos envolvidos com a criminalidade, também havia relatos de violência policial na abordagem aos adolescentes, no momento da apreensão, ou de violência institucional, entre outras, que não discorrerei aqui, mas pontuo para marcar sua existência.

O profissional da Psicologia tem, em sua dimensão interventiva, o compromisso de realizar uma escuta atenciosa – podemos dizer ativa – dos adolescentes e de suas famílias no percurso do cumprimento de medida. Não me estenderei aqui abordando todas as atribuições da categoria, pois o foco é assinalar a importância sobre as narrativas, a história de vida dos adolescentes e de suas famílias, a relação com a convivência familiar e comunitária, a interação com a visita íntima e a contribuição da intervenção junto às histórias de vida para abertura de transformações a partir da sua realidade atual.

4.2 | Estudos acerca da memória individual e memória coletiva

Maurice Halbwachs, em seus estudos acerca da memória coletiva, assinala a importância do testemunho, o qual se procura, muitas vezes, para confirmar ou descartar algo de nosso conhecimento acerca de algum acontecimento, sendo o primeiro testemunho o nosso próprio[102]. A credibilidade da lembrança fortalece-se no encontro da recordação com outros indivíduos que a comprovam, é como olhar com os "olhos do outro" para uma experiência que passou.

Assinala que, mesmo ao estarmos sós, não necessitamos da presença real do outro para lembrar e confirmar o que vivemos, pois, a todo momento, levamos muitas pessoas dentro de nós, e nuances em nossa forma de olhar fazer-se-ão presentes, conforme o que é evocado, ou seja, a referência ativada. "Para confirmar ou recordar uma lembrança, não são necessários testemunhos no sentido literal da palavra, ou seja, indivíduos presentes sob a forma material e sensível"[103]. O fato de a lembrança recortada juntar-se a algumas lembranças reais a rearrumará, incorporando a ela as imagens fornecidas:

> Talvez seja possível admitir que um número enorme de lembranças reapareça porque os outros nos fazem

---

[102] HALBWACHS, M. **A memória coletiva**. São Paulo: Centauro, 2004, p. 29-111.

[103] Ibidem, p. 31.

recordá-las; também se há de convir que, mesmo não estando esses outros materialmente presentes, se pode falar de memória coletiva, quando evocamos um fato que tivesse um lugar na vida de nosso grupo e que víamos, que vemos ainda agora, no momento em que recordamos, do ponto de vista deste grupo[104].

Remetendo ao fato traumático relatado antes, observo que a comunidade testemunha muitas situações ultrajantes, mas teme tomar atitudes pelos meios legais, desacreditando nos resultados a serem providenciados pela justiça. O coletivo que vive determinadas situações fica vinculado por essas lembranças, mesmo que estas não possam ser compartilhadas abertamente ou que, por vezes, sejam esquecidas por alguns, dentro de múltiplas dimensões que o episódio pode provocar. São segredos e interditos presentes nas memórias.

Crianças e adolescentes lidando com uma realidade violenta podem apresentar traumas e dificuldades de lembrar de certas vivências, em períodos de seu desenvolvimento, mas que estão em seu registro de memória, podendo ser ativadas no encontro com outras pessoas que testemunharam a mesma cena, com partes da realidade e partes de fantasia. O tema das execuções é quase sempre proibido, tem a ver com vida e morte todo tempo, podendo ser falado somente onde e quando é "permitido". O medo está presente.

Vilhena, Bittencourt, Zamora, Novaes e Bonato situam sobre essa realidade em nossa sociedade, quando apontam, em seu artigo "Medos infantis, cidade e violência: expressões em diferentes classes sociais", que os lugares onde crianças e adolescentes vivem e estudam são seus territórios subjetivos e têm relação com suas produções subjetivas[105]. As crianças e adoles-

---

[104] Ibidem, p. 41.
[105] VILHENA, J. et al. Medos infantis, cidade e violência: expressões em diferentes classes sociais. **Psicologia Clínica**, Rio de Janeiro, v. 23, n. 2, p. 171-186, 2011.

centes moradores de comunidades pobres vivem "na pele" a exclusão e enfrentam um sofrimento psíquico rotineiro. É um fato cotidiano a possibilidade de que possam sofrer uma agressão em situações de confronto, entre policiais e criminosos, serem mortos ou feridos em tiroteios na favela, apreendidos e/ou confundidos, com envolvimento no tráfico e passarem por maus-tratos.

Halbwachs questiona se poderá acontecer de uma lembrança retornar e não ter relação alguma com qualquer grupo, por ter sido vivida somente por aquele que lembra e por ter sido percebida num momento em que ele estava só, não tendo registro de imagem no pensamento de mais ninguém, e introduz uma reflexão acerca do que chama de "intuição sensível", que seria um estado de consciência individual, diversa das percepções com elementos do pensamento social[106]. Porém, no desenvolvimento de sua reflexão, assinala que, mesmo ao estarmos sós, por sermos sujeitos sociais, transportamos muitos outros, de grupos diversos, de múltiplas referências, dentro de nós. Ele sublinha que uma "corrente de pensamento" social, normalmente, é tão invisível quanto a atmosfera que respiramos[107], fazendo com que nem percebamos sua constante influência.

Não é sempre possível encontrar as lembranças que procuramos, no momento em que queremos, pois há necessidade de que "as circunstâncias, sobre as quais nossa vontade não tem muita influência, as despertem e as representem para nós"[108], e, para acontecer, há a demanda de uma aproximação de percepções que promovam a lembrança associada à dimensão de sua própria complexidade.

Tais estudos remetem-me a falas de adolescentes que não conseguiam, inicialmente, compreender ou explicar o que os levou

---

[106] HALBWACHS, 2004, p. 42.
[107] Ibidem, p. 46.
[108] Ibidem, p. 53.

ao cometimento do ato infracional, necessitando de um trabalho desenvolvido em seu acompanhamento, para que pudessem alcançar, depois de percorrer um caminho interno emocional, a memória de vivências em que percebiam associações com o ato. A partir dessa constatação, podiam começar a refletir sobre outra forma de lidar com sua vivência, direcionando para outras ações que não um ato infracional.

Nos grupos de reflexão com os adolescentes, observávamos o momento em que cada um começava a compreender sua implicação com o ocorrido em sua vida, ações que o levaram a ser apreendido e a chegar à sua privação de liberdade. Sinalizava, então, no processo grupal, que podia pensar novas formas de lidar com seus registros, para alcançar outras opções, soluções para seus conflitos.

Certa vez, em um Grupo de Reflexão Multifamiliar, trabalhando com os adolescentes os significados de seus nomes, como/por quem/por que foram escolhidos, abordamos, também, de que maneira sentiam-se em suas famílias, como viam seus desejos de investimentos profissionais. Um dos adolescentes disse, entre outros que falavam sobre seus desejos e sonhos:

> Adolescente: – *Quando crescer eu não quero ser nada.*
> Equipe: – *Como você está fazendo essa escolha? Para que deseja ser nada?*
> Respondeu: – *Em minha família todos são peixeiros, e eu não quero ser peixeiro, então não poderei ser nada, não tenho opção...*

Sua forma de compreender seu possível pertencimento familiar passava por reproduzir os movimentos e perfil da família, e, se não queria ter a profissão de referência de seu grupo familiar, um registro de gerações da família, não tinha outro lugar no mundo senão o de infrator, que seria como um "ser nada".

Trabalhamos, a partir de sua fala, as possibilidades de diferenciar-se, de poder ter outras escolhas, podendo preservar o pertencimento à sua família. Desenvolvemos uma reflexão acerca de cada membro da família poder ter diferentes escolhas profissionais, dentro de suas aptidões e vocações, preservando o afeto entre eles, respeitando suas escolhas. Para o adolescente, foi um dia de descoberta, de compreender que pertencia à sua família, mesmo com desejo de ter outra profissão. Nessa intervenção, podemos considerar o emaranhamento emocional familiar vivido pelo adolescente e sua dificuldade de lidar com sua singularidade em seu núcleo. A compreensão de que ter uma individualidade, diferenciada de membros da família, não demanda cortes emocionais permitiu que o adolescente pudesse reparar, internamente, o temor ao rompimento.

Halbwachs cita dois tipos de reconhecimento de objetos (que foram definidos por outro estudioso, Henri Bergson): reconhecimento por imagens e reconhecimento por movimentos. O primeiro dá-se diante do objeto, no seu reconhecimento visual, que remete à lembrança; e o segundo dá-se quando observado em nosso corpo um movimento que é referência do mesmo movimento do momento da percepção anterior e que foi provocado por tal objeto visto ou evocado. O reconhecimento por imagens promove a associação desse objeto com outros, tais como pensamentos e/ou sentimentos[109].

No trabalho com as famílias, a visão de mundo é considerada significativa: como o adolescente e a sua família olham seu universo de relações, como lidam com sua realidade, e, ao chegarem à "unidade-escola" do sistema socioeducativo, como é, para eles, tudo aquilo que se apresenta como um serviço do Estado, da justiça, que tem uma função socioeducativa – ou deveria ter. Esses adolescentes e famílias reconhecem os pro-

---

[109] Ibidem, p.55.

fissionais em suas diferenças, seja associando com imagens ou movimentos os verdadeiros socioeducadores aos quais pedem atenção, ou aqueles que querem afastar-se por temor à violência, e não por respeito. Acontece também o fato de adolescentes desafiarem, em certos momentos, aqueles sujeitos que estão relacionados entre os que devem ser temidos por todos, podendo estar entre os próprios adolescentes ou entre os funcionários o indivíduo escolhido para um confronto. Como buscando uma fagulha de espaço para sua existência ser mais respeitada, mesmo que se expresse por uma transgressão, o adolescente busca sinalizar algo que precisa mudar[110].

Com o intuito de melhor compreender o comportamento de adolescentes que cometeram atos infracionais e de ter a possibilidade de redirecionar suas escolhas, guardando as devidas diferenças, aponto algumas contribuições de outros estudiosos. Paiva et al. (2015) assinalam que, segundo Winnicott, a tendência antissocial, que pode ser observada em pessoas consideradas normais ou com distúrbios, é vinculada à vivência de uma falha ambiental em termos da continuidade dos cuidados à criança, falha vivida durante a fase da dependência relativa (deprivação)[111]. Winnicott compreende o comportamento antissocial como um pedido de socorro, que aparece em casa ou num contexto mais amplo, seja na escola ou em suas relações sociais, podendo ser visto como positivo, uma esperança de que possa redescobrir a experiência boa vivida na dependência absoluta e que foi perdida na dependência relativa. Portanto:

---

[110] VILHENA, J.; MAIA, M. V. Agressividade e violência: reflexões acerca do comportamento antissocial e sua inscrição na cultura contemporânea. **Rev. Mal-Estar Subj.**, Fortaleza, v. 2, n. 2, p. 27-58, set. 2002; MAIA, M. V. et al. Crianças "impossíveis" – quem as quer, quem se importa com elas? **Psicologia em Estudo**, Maringá, v. 12, n. 2, p. 335-342, ago. 2007.

[111] PAIVA, R. L. S. et al. Violência, delinquência e tendência antissocial: sobre a experiência de um atendimento a crianças vítimas da violência em uma favela do Rio de Janeiro. **Revista Estudos e Pesquisas em Psicologia**, Rio de Janeiro, v. 15, n. 3, p. 891-915, 2015.

> [...] quando Winnicott (2000b) refere-se ao comportamento antissocial que não foi tratado, ele quer enfatizar tanto a possibilidade da esperança e criatividade quanto a importância da restituição de um lar suficientemente bom na constituição do sujeito, sublinhando sempre que essa falha terá a delinquência como consequência[112].

A lógica na qual a memória das percepções apoia-se, com divisões e ligações que correspondem a uma espécie de lógica espacial ou material, havendo uma coesão que se dá em função de as lembranças evocadas serem coerentes, como devem ser os fenômenos exteriores, é abordada por Halbwachs. No aprendizado referencial do pensamento coletivo, encontramos os meios de evocar a sequência e seu encadeamento[113].

Assegura o autor que a memória coletiva tem uma força e duração caracterizadas por estarem pautadas no registro de um grupo, e esses membros do grupo são as pessoas que lembram e fazem uma massa de lembranças comuns, que, mesmo apoiadas umas nas outras, terão intensidades diversas para cada um deles. Afirma Halbwachs que cada memória individual é um ponto de vista sobre a memória coletiva. A memória coletiva, então, é referência de uma memória interna e autobiográfica, e a outra memória, dita histórica, é social, externa. Assim, entende-se por história não uma sucessão de eventos e datas, dados de forma cronológica, mas o que faz com que um período diferencie-se de outros.

A história vivida por nós é a base de nossa memória, e as correntes de pensamento são representadas por quadros coletivos de memória que "não conduzem a datas, a nomes e a fórmula", em que o passado é encontrado por ser atravessado por tudo isso, de modo que

---

[112] Ibidem, p.897.
[113] HALBWACHS, 2004, p. 61.

a história não é todo o passado e também não é tudo o que resta do passado. Ou, por assim dizer, ao lado de uma história escrita há uma viva, que se perpetua ou se renova através do tempo [...][114].

Desde a infância, o indivíduo tem sua vida bastante implicada no e pelo social, pelo qual se encontra um passado em que se dá o contexto de suas lembranças, e, nesse passado vivenciado, é que sua memória será referida posteriormente, mais do que na história escrita.

O passado fica, assim, intacto em nossa memória, segundo Bergson, que pontua a possibilidade de ocorrerem impedimentos, pelo comportamento de nosso cérebro, de alcançar a evocação de partes dessas lembranças, apesar de estarem íntegras as imagens dos acontecimentos passados "como páginas impressas nos livros que poderíamos abrir se o desejássemos, ainda que nunca mais venhamos a abri-los"[115].

As histórias de vida de cada adolescente estão entrelaçadas com suas ações, por vezes conscientes, outras vezes não. Muitos adolescentes e famílias apresentaram relatos em que o sofrimento estava presente, mas não se davam conta da dimensão e do alcance emocional deste, e, ao poder entrar em sua história – transversalizada por todas as instâncias sociais, políticas e jurídicas –, podiam compreender melhor o contexto dos acontecimentos para poderem mudar o rumo.

A história de Flávio[116] e de sua família levou à constatação de acontecimentos que repercutiam com todos os membros e os levavam a vivenciar conflitos que permeavam seu cotidiano e provocavam maiores desestabilizações em sua organização. O adolescente estava em MSE de internação, seus pais adotivos

---

[114] Ibidem, p.86.
[115] Ibidem, p.97.
[116] Todos os nomes são fictícios.

estavam separados, morando próximos na mesma comunidade. Para o filho, tal situação poderia ser confortável, pois permitia que encontrasse seu pai com mais frequência, mas parecia que não era a ideal. Flávio e sua mãe adotiva estavam morando juntos e enfrentando risco à vida, após determinado cometimento infracional feito pelo adolescente, o que impactou a família, com a necessidade de ir morar em outra localidade.

O pai adotivo ficou com problemas na perna após sofrer um acidente alguns anos atrás, provocado por uso abusivo de álcool, uma dependência que demandava tratamento, e ficou andando com dificuldade desde então. Mesmo assim, comparecia aos atendimentos familiares realizados na unidade.

A mãe adotiva, muito ansiosa, preocupada com as decisões necessárias para preservação e integridade de Flávio, estava consciente de que teria que mudar sua vida por conta do ato do filho, tendo tido sua casa invadida quando estavam atrás do adolescente. Com a mudança, a mãe perderia seu emprego.

O adolescente, nos encontros dialógicos familiares, alcançou a compreensão de que suas ações não só o prejudicaram, mas atingiram todos, e que as expectativas (fantasias) de mudanças na família não seriam alcançadas dessa forma. O pai e a namorada ficariam na região, mas o adolescente não gostou dessa situação, pois ficariam distantes. Este é um ponto importante em relação à sua possível expectativa de reaproximar o casal parental, a qual falhou completamente. Dentro da leitura sistêmica, seu comportamento apresenta articulações com as relações intrafamiliares e procura de provocar mudanças, que caminhou de forma improdutiva.

Flávio tomou consciência, por meio das reflexões junto à sua família, que suas ações estavam relacionadas com sua história e que deveria considerar seu grupo familiar, os desejos diferenciados e as pessoas em torno de sua vida. No grupo de adolescentes realizado na unidade, pôde perceber, também, que suas atitudes provocavam reflexos nos outros participantes e que, em todas suas escolhas, deveria responsabilizar-se por seus atos e compreender o que o impulsionou e como lidar com isso para obtenção de resultados produtivos em sua vida.

Halbwachs assinala o pertencimento das pessoas a muitos grupos simultaneamente, e tais grupos dividem-se e contraem-se no tempo e no espaço. A memória coletiva diferenciada da história é uma compilação dos fatos que ocuparam maior lugar na memória dos homens. O autor sublinha a importância de não se perder a história e assinala que o único meio de preservar as lembranças é pela escrita de sua narrativa, "pois os escritos permanecem, enquanto as palavras e o pensamento morrem"; ainda complementa seu pensamento refletindo que pode ser que "um dos objetivos da história talvez seja justamente lançar uma ponte entre o passado e o presente; e restabelecer essa continuidade interrompida"[117]. Assim, o autor faz a distinção entre memória coletiva e história, apontando que a primeira é uma "corrente de pensamento contínua, de uma continuidade que nada tem de artificial, pois não retém o passado senão o que ainda está vivo ou é capaz de viver na consciência do grupo que a mantém" e "a história divide a sequência dos séculos em períodos, [...] e se situa fora desses grupos e acima deles, não hesita em introduzir divisões simples na corrente dos fatos, cujo lugar está fixado de uma vez por todas [...] obedece a uma necessidade didática de esquematização"[118].

Afirma Halbwachs que a memória de uma sociedade não para de se transformar, o próprio grupo está sempre mudando, existindo muitas memórias coletivas, característica pela qual elas se distinguem da dita história oficial, que é uma só. Na constituição da história, existe uma interligação em tudo, cada possível mudança promove uma reação sobre as outras partes do corpo social e prepara, aqui ou ali, a inserção dessa mudança[119].

---

[117] Ibidem, p.100-101.
[118] Ibidem, p.102-103.
[119] Ibidem, p.105-109.

Pensando na potencialidade de transformações na vida de adolescentes e famílias, por meio da possibilidade de poderem entrar em contato com suas histórias e alcançarem uma nova significação em certas vivências, remeto a um breve relato da história do adolescente Luciano. Ele era um adolescente bonito e simpático e, diante de um comportamento infracional – uso de drogas (maconha) –, recebeu a MSE de Liberdade Assistida para cumprir no Polo Ilha.

No começo, ele não comparecia ao acompanhamento por temer ser apreendido lá mesmo. Por vezes, ao tentar comparecer, só de olhar para um agente de disciplina, saía correndo! Depois de muito insistirmos, ele compareceu, mas ficou olhando de longe e, ao primeiro sinal que considerou ter "perigo", já foi embora. Corremos atrás dele e conseguimos que voltasse e participasse do atendimento com sua avó, depois de apontar que o socioeducador não estava ali para prendê-lo, mas para contribuir com seu processo socioeducativo. Laçamos e enlaçamos, construímos um vínculo de confiança com ele e com sua família, o que oportunizou um processo de amadurecimento e superação do luto que enfrentava.

Sua mãe, ainda jovem, havia falecido há pouco tempo. Todos lidavam com essa perda. Trabalhamos o luto e o desamparo que viviam no núcleo familiar. Eram dois irmãos de uma primeira união, já adolescentes, e mais um irmão da segunda união, ainda criança. Todos eram filhos de pais separados e que não proviam pensão alimentícia, estavam recasados em novas uniões, com madrastas que não se entendiam bem com os enteados.

A avó era costureira de excelência, mas, com a profissão, desenvolveu dores na coluna que a impediam de trabalhar, e mal tinham recursos para alimentarem-se. Ela tinha uma pequena plantação em seu terreno, mas nem pão podiam comer todo dia. Encaminhados para receber o apoio no que se referia à alimentação, no transcorrer dos atendimentos, quando começamos a intervir para que as pensões fossem regularizadas, surgiram relatos de violência doméstica cometida por parte do genitor contra a irmã de Luciano.

Maia, Zamora, Vilhena e Bittencourt, em seu artigo "Crianças 'impossíveis' – quem as quer, quem se importa com elas?", assinalam que Winnicott compreende o desajustamento da criança, em suas relações, com um fracasso do ambiente, dentro do período de sua relativa dependência, que falha em dar conta de atender às necessidades da criança[120]. A este se soma o fracasso da família no lidar e superar o que resultou dessas carências. Complementando também, há o fracasso da sociedade ao ocupar o lugar da família. "É neste cenário de falhas sobre falhas que a criança se constitui: ou seja, como pode"[121].

A família de Luciano passava fome, não tinha inserção, até aquele momento, em nenhum serviço de apoio da assistência, não recebia as pensões a que tinha direito, perdeu a figura materna estando em processo de luto. A avó enfrentava problemas de saúde, e existiam narrativas de violência doméstica, não só de abuso, mas também de negligência e abandono por parte dos genitores paternos. Enfim, estavam lidando com todos esses fracassos e ainda conseguiam sobreviver.

O abuso, relatado pela adolescente, aconteceu pelo pai dela e de Luciano, que foi chamado junto com os filhos, quando intervimos sobre o fato revelado pela menina, em um dos atendimentos familiares. A situação pôde ser trabalhada com o núcleo familiar com abordagem ao genitor, preservando a menina de sequelas mais danosas ou de novos traumas. Era como um segredo da família que pôde ser revelado, e desfeita uma trama perversa.

---

[120] MAIA, M. V. et al. Crianças "impossíveis" – quem as quer, quem se importa com elas? **Psicologia em Estudo**, Maringá, v. 12, n. 2, p. 335-342, ago. 2007.

[121] Ibidem, p.337.

No trabalho de prover a pensão alimentícia de cada genitor, um deles, o pai de Luciano, concordou em prover a pensão sem precisarmos encaminhar a situação para um processo judicial. Ele assinou o termo de concordância, encaminhamos para o tribunal para regularizar o desconto em folha, e tudo ocorreu bem. O outro, apesar de componente de uma das forças armadas e conhecedor de regras e leis, negou-se a cumpri-las e chegou a ameaçar a advogada, que trabalhava voluntariamente no processo e era diretora do Polo de LA na época. Foi necessário acionar a justiça para pagamento por determinação judicial.

Desse acompanhamento, recordo que o adolescente havia sido inserido num curso de capacitação, a fim de preparar-se para exercer atividades laborativas, algo como "cidadania e trabalho", com oportunidades de estágio e diversas atividades formativas. Em uma dinâmica que realizaram com os adolescentes, quando perguntaram a um deles em que investiria para ter bom retorno financeiro, ele respondeu: "numa plantação de maconha". Imediatamente, queriam desligá-lo do curso!

Conseguimos que tivesse a oportunidade de continuar o curso e estagiar, argumentando acerca de seu universo e referências de suas vivências e que não tinha intenção de desrespeitar o grupo ou a lei, mas observava, no seu meio, a rentabilidade de tal "negócio" – real, apesar de ilícita. O adolescente quase enfrentava uma nova grande perda, pois seria, mais uma vez, abandonado à sua própria sorte na profissionalização, se não houvesse a aceitação, pelo grupo do curso de formação, das argumentações feitas pela equipe de referência, que contextualizou sua fala dentro de sua realidade. Luciano empreendeu um processo de amadurecimento no cumprimento da MSE, mas há o reconhecimento de que sua participação no curso poderia ter sido mais trabalhada, como no exemplo da maconha.

Considerando o desenvolvimento psicológico, que pode e deve acontecer no processo socioeducativo e que equivale à superação de uma condição aprisionadora e cristalizada, evidencia-se que, no surgimento de novos posicionamentos e/ou novos recursos que possam favorecer o colocar em movimento a subjetividade, o processo não deve ser reprimido.

Para falar sobre cidadania com ele e outros adolescentes, poderia ter sido utilizada como tema, por exemplo, a reflexão sobre como usar suas habilidades e potencialidades, a fim de poder pensar em outros negócios mais rentáveis que uma plantação de chuchu, por exemplo, e não ilegais como a maconha. A participação de Luciano poderia ter sido propiciadora de um conjunto de reflexões acerca de cidadania e trabalho, mediadas também pelo atendimento socioeducativo, assim como pelo órgão formador profissionalizante, responsável pelo curso.

O adolescente pôde terminar o curso, mas, infelizmente, por algumas horas de presença não confirmadas, não recebeu o certificado. E, mesmo ciente de que não receberia o documento, retornou-nos uma avaliação produtiva, consciente de que teve a oportunidade na experiência proporcionada pelo curso, em viver situações de organização da equipe, de lidar com o público e com o cotidiano de um trabalho no estágio, de que não havia pensado poder participar. Havia compreendido que existem caminhos alternativos, diferentes de envolver-se com atos infracionais, para seguir seu rumo. Ficou, em seu registro de lembranças e memórias, uma nova experiência, da organização de trabalho, de estar em equipe, de vivenciar espaços laborativos diferenciados do que conhecia. Próximo à sua liberação do cumprimento da MSE, observamos que sua postura corporal modificou, sua autoestima apresentou mudanças no relato que nos fez ao receber sua progressão, concluindo sua Liberdade Assistida.

Durante todo seu acompanhamento, muitas histórias, vivenciadas por ele e por sua família, puderam ser ressignificadas. Em relação aos membros de seu núcleo familiar, sua avó pôde organizar melhor as condições de vida, financeira e emocional-mente. Sua irmã ficou bem melhor após as intervenções familiares, e o irmão menor, muito inteligente e participativo, apesar de ficar triste com a atuação do pai, negando sua pensão, compreendeu que era um direito que ele tinha e pôde expressar para a advogada sua posição de que fosse adiante. A preocupação com a avó idosa, a perda de sua mãe e as dificuldades com o pai e a madrasta magoavam profundamente Luciano, e, pelas intervenções feitas, pôde refazer alguns espaços em branco, ou outros com muitas manchas, preencher lacunas, podendo redesenhar seu futuro, ao ter sido acolhido no cumprimento de sua medida.

Os profissionais que realizam acompanhamento de medidas socioeducativas lidam com uma multiplicidade de ações necessárias para dar suporte à família e ao adolescente, abrandar, com resiliência e determinação, contribuir na superação de dificuldades e impasses existentes, que possam estar relacionados tanto ao ambiente quanto às questões sociofamiliares e interpessoais que os meninos e meninas carregam consigo quando chegam ao sistema, e, então, conseguir oportunizar a estes uma via de expressão, que seja construtiva.

4.3 | Memória subterrânea; memória-arquivo e lugares de memória; rastro e testemunho

Outras contribuições produtivas de estudiosos acerca da história, narrativa e memória são valiosas, no sentido de poderem ampliar a dimensão das intervenções realizadas.

Michael Pollak aborda, em seu artigo "Memória, esquecimento, silêncio"[122], o desenvolvimento dos escritos de Maurice

---

[122] POLLAK, M. Memória, esquecimento, silêncio. **Estudos Históricos**, Rio de Janeiro, v. 2, n. 3, p. 3-15, 1989.

Halbwachs, mostrando que este assinala não somente a característica de seletividade em toda memória, mas também um processo de negociação entre memória coletiva e memórias individuais:

> Para que nossa memória se beneficie da dos outros, não basta que eles nos tragam seus testemunhos: é preciso também que ela não tenha deixado de concordar com suas memórias e que haja suficientes pontos de contato entre ela e as outras para que a lembrança que os outros nos trazem possa ser reconstruída sobre uma base comum[123].

A abordagem construtivista aplicada à memória coletiva debruça-se sobre os "processos e atores que intervêm no trabalho de constituição e de formalização das memórias"[124]. Michael Pollak expõe que, ao voltar-se para a análise dos excluídos, a história oral destaca a memória subterrânea, que viabiliza a revelação de uma história diversa da dita "oficial", por abranger vivências não reveladas por motivos diversos, principalmente as de muito sofrimento e as vivências traumáticas, que ficam numa posição de resistência. Por meio do silêncio, que tem uma complexidade depositada em suas razões, as memórias coletivas são transmitidas entre gerações pela forma oral, permanecendo vivas, aguardando o possível momento de revelação. "Para poder relatar seus sofrimentos, uma pessoa precisa antes de mais nada encontrar uma escuta"[125].

Pontua o autor a existência de zonas de sombra, silêncios, "não-ditos de lembranças de uns e de outros". As fronteiras desses silêncios e "não-ditos" não são paralisadas, estando sempre em movimento, memórias transmitidas entre gerações, por muitos anos, de forma não perceptível pela sociedade.

---

[123] Ibidem, p.3-4.
[124] Ibidem, p.4.
[125] Ibidem, p.6.

Procurando articular a existência dos conteúdos ocultos no sistema familiar com as "zonas de sombra" e os conflitos advindos desses segredos proibidos com a vivência de sofrimento presente na narrativa, relato um acompanhamento com uma temática complexa em torno da morte da genitora do adolescente Maurício. Filho de André e Ana, já falecida, o adolescente vivia nas ruas, apesar de seu pai relatar boas condições de moradia.

O pai trabalhava como pedreiro e compareceu para atendimentos familiares com a equipe do Projeto Golfinhos, no IPS. O adolescente demonstrou muita revolta com sua presença e afirmava para a equipe que o pai havia assassinado a mãe a facadas, jogado seu corpo em um poço do terreno onde moravam, lugar em que foi encontrada. Foi após o falecimento da mãe que Maurício saiu para as ruas e, desde então, não via sua família. Ao encontrá-los na unidade, não fez movimento algum de aproximação, nem com os três irmãos.

O pai apresentou um discurso pautado na religiosidade, diz ter abandonado a forma como vivia anteriormente, com atitudes violentas e uso abusivo de álcool, querendo que seu filho retornasse à casa da família; porém, o adolescente manteve-se reativo a qualquer movimento de afeto, chegando a pedir, em um dos atendimentos, para sair e voltar para o pátio. Conversamos com ele, que aceitou ficar, mas olhava de forma hostil para o pai, o qual dizia acreditar que seu filho iria retornar a viver com a família, pois crê em Deus e diz ser inocente da acusação do filho. Não conseguimos obter informações acerca de qualquer acusação ao pai ou de investigação da morte da mãe. Mauricio também perdeu dois irmãos mais velhos depois da morte da mãe, os quais foram assassinados e estavam na "vida errada". A família parece carregar muitos segredos, muitos não ditos, e essa realidade mobilizava o adolescente, que expressava toda sua angústia na hostilidade dirigida ao pai.

Maia et al.[126] apontam o sentimento de abandono como constituinte da tendência antissocial, como se apresenta nos estudos de Winnicott. O enfrentamento da perda de sua mãe desorientou Maurício em seu percurso de vida e, de certa forma, seus irmãos, que apresentam certa inadequação e despreparo:

> O abandono, não sofrido pela maioria das pessoas, constitui a base da tendência antissocial. A criança perde de vista o objeto e passa a buscá-lo no meio que a deixou só e triste. Exatamente porque sofre e se entristece, exatamente porque possui em si o ressentimento e uma justificada reclamação em relação ao meio que a insultou e quase é capaz de recordar-se desse insulto, que Winnicott afirmará que essa criança ainda possui em si uma esperança[127].

Os irmãos que compareceram, todos mais novos e muito apegados ao genitor, falavam quase nada, mostrando-se, por momentos, arredios e, por outros, bastante risonhos, inclusive em momentos de abordagem a assuntos sérios. Maurício disse que preferia ficar internado a ter que voltar a morar com o pai, e, nesse momento, o pai relata já ter sido interno de uma das unidades quando adolescente, por não ter familiares, como abrigado, modalidade de internação que existia na época da FUNABEM. Também nesse atendimento, informou ao filho que sua companheira iria morar com eles, o que revoltou mais ainda o adolescente.

As histórias da família traziam esconderijos que iam desvelando-se aos poucos, provocando mobilizações e mudanças, mas demandavam elaborações. Procuramos trabalhar com os integrantes da família, para que Maurício retornasse ao convívio familiar, e assinalamos a importância de o pai esclarecer a

---

[126] MAIA et al., 2007.
[127] Ibidem, p.336.

questão que afastava o adolescente da família. Como o tempo de permanência na unidade foi curto, não foi possível caminhar mais a frente com o núcleo, apesar de trabalharmos em alta intensidade emocional as intervenções; no entanto começamos uma via de diálogo entre o pai, Maurício e os irmãos, o que antes não acontecia.

Pollak aborda a existência de uma interação contínua "entre o vivido e o aprendido, o vivido e o transmitido". Tais constatações são aplicáveis a toda a forma de memória, seja a individual e coletiva, assim como a familiar, nacional e de pequenos grupos:

> O problema que se coloca a longo prazo para as memórias clandestinas e inaudíveis é o de sua transmissão intacta até o dia em que elas possam aproveitar uma ocasião para invadir o espaço público e passar do "não-dito" à contestação e à reivindicação; o problema de toda memória oficial é o de sua credibilidade, de sua aceitação e também de sua organização[128].

Memórias coletivas demandam, para melhor compreensão, uma análise de sua função. A memória que desenvolve uma determinada organização para reforçar sentimentos de pertencimento e procura uma versão na qual a referência ao passado contribua com a coesão dos grupos e instituições abarca duas funções da memória comum: fornecer um quadro de referências e de pontos de referência, podendo ser compreendida como uma memória que realiza um enquadramento, nomeada "memória enquadrada"[129].

> Se a análise do trabalho de enquadramento de seus agentes e seus traços materiais é uma chave para estudar, de cima para baixo, como as memórias coletivas são construídas, desconstruídas e reconstruídas, o procedimento

---

[128] POLLAK, 1989, p. 9.
[129] POLLAK, loc. cit.

inverso, aquele que, com os instrumentos da história oral, parte das memórias individuais, faz aparecerem os limites desse trabalho de enquadramento e, ao mesmo tempo revela um trabalho psicológico do indivíduo que tende a controlar as feridas as tensões e contradições entre a imagem oficial do passado e suas lembranças pessoais[130].

O autor sublinha, que nesse movimento, na reconstrução de si mesmo, "o indivíduo tende a definir seu lugar social e suas relações com os outros." E, para tal construção e prosseguimento em sua história, ressalta a dificuldade enfrentada por todos que tiveram sua vida marcada por vivências traumáticas e fragmentadoras e afirma que "mesmo no nível individual o trabalho da memória é indissociável da organização social da vida"[131].

Trabalhando com famílias, escutamos muitas falas, em que a vida de cada um tem um universo de acontecimentos que perpassam o conviver desse grupo. A seguir, apresento brevemente a história de Cláudio. A mãe de um adolescente em internação procurou-nos para conversar sobre suas preocupações a respeito do adolescente, seu filho Cláudio. Observou que ele estava apresentando modificações em seu comportamento e não sabia o que esperar quando saísse da unidade. Assinalou que o adolescente sentiu-se desamparado com a saída do pai da casa da família e que ela não sabia mais onde ele vivia.

O genitor fazia uso de drogas, e eles têm uma filha que sofreu violência sexual aos 15 anos, depois que ele saiu de casa. Ela, a mãe, procurou o "poder local", que castigou um de seus membros, responsável pelo estupro da adolescente. Seus filhos estavam ficando na casa de uma tia, e ela, morando com seu companheiro atual. Em atendimento familiar, evidenciou-se a mágoa dos filhos por essa mãe não estar com eles, e sim com o padrasto,

---

[130] Ibidem, p.12.
[131] Ibidem, p.13-14.

com quem não se dão muito bem. Procuramos intervir sobre essa questão com a família e viabilizar uma nova organização, em que os filhos possam conviver mais próximos à mãe e ao padrasto.

O padrasto João demonstrou afeto por seus enteados, apesar das dificuldades interacionais existentes. Trabalhamos o sistema familiar no sentido de poderem viabilizar a convivência respeitosa e afetiva, com as diferenças existentes, assim como compreenderem que podem relacionar-se de forma mais próxima, sem competição de afeto da mãe por eles ou por João. Também realizamos intervenções focadas nas funções parentais com o casal, trabalhando a importância dos limites claros, a expressão da afetividade e a reorganização da família.

Como retorno do trabalho, após algumas sessões, a família assinalou ter percebido melhora em suas interações. Relataram que, de início, alguns estavam resistentes a comparecer e, após o atendimento, compreenderam melhor a importância do atendimento familiar. O adolescente e os membros da sua família conscientizaram-se da importância de lidar com mudanças e novas organizações, que podem e devem acontecer, mas não impedem a afetividade de circular na família.

Michael Pollak, em conferência proferida no Brasil, em 1987, "Memória e identidade social"[132], trouxe contribuições importantes sobre a relação entre esses dois conceitos. O autor iniciou sua abordagem evidenciando que os acontecimentos vividos pessoalmente são os elementos constitutivos da memória individual, os quais seriam os acontecimentos que chama de "vividos por tabela", que são os vividos pelo grupo, pela comunidade a qual a pessoa sente ter pertencimento, nem sempre vivenciados pela própria, mas sendo possível uma identificação desse passado pelo sentimento de pertencer ao grupo,

---

[132] POLLAK, M. Memória e identidade social. **Estudos Históricos**, Rio de Janeiro, v. 5, n. 3, p. 200-212, 1992.

podendo-se falar de uma "memória herdada". Pollak assinala que a memória é constituída por acontecimentos, pessoas, personagens, lugares, e é seletiva. Conforme aponta Halbwachs, por sofrer flutuações no momento em que está sendo articulada na sua organização, dentro do ponto de vista individual, assim como na preocupação da visão política, a memória pode ser compreendida como um fenômeno construído.

Assinala Pollak, ao considerar a existência de uma ligação estreita entre memória e sentimento de identidade, que a imagem de si adquirida por uma pessoa em sua vida, construída e apresentada a todos, tem também o propósito da própria pessoa acreditar na sua representação, no sentido da forma percebida pelos outros encontrar a imagem pela qual ela própria quer ser percebida pelos outros:

> [...] a memória é um elemento constituinte do sentimento de identidade, tanto individual como coletiva, na medida em que ela é também um fator extremamente importante do sentimento de continuidade e de coerência de uma pessoa ou de um grupo em sua reconstrução de si [...] Ninguém pode construir uma autoimagem isenta de mudança, de negociação, de transformação em função dos outros. A construção da identidade é um fenômeno que se produz em referência aos outros, em referência aos critérios de aceitabilidade, de admissibilidade, de credibilidade, e que se faz por meio da negociação direta com outros. Vale dizer que memória e identidade podem perfeitamente ser negociadas, e não são fenômenos que devam ser compreendidos como essências de uma pessoa ou de um grupo[133].

Apresento o relato da história de um adolescente que se dizia "filho do capeta". Humberto era um adolescente muito ativo, atento e participativo nos atendimentos. Quando iniciamos

---

[133] Ibidem, p.204.

nossos atendimentos, Humberto, depois de certo tempo, relata que descobriu, no enterro de seu avô materno, que era filho dele, e não neto. Essa "verdade" foi contada por sua avó, quando ele estava em frente ao caixão de seu avô, despedindo-se de quem amava, ainda acreditando que este era seu avô. Fica ciente, neste momento de lidar com a dor da perda que enfrentava, que era filho de uma relação incestuosa, entre seu avô materno e sua mãe.

Sua avó materna falou para ele, ao vê-lo olhando para o avô: – "Este que está aí olhando era seu pai...". Humberto conta, com muita emoção, que foi um choque ver ruir uma imagem que tinha de sua família, como se fosse perfeita: sua mãe junto àquele que acreditava ser seu pai e sua avó junto àquele que acreditava ser seu avô, dois casais que amava e por quem, ele, Humberto, ao observá-los juntos, em tantos encontros familiares, sentia-se acolhido. Uma família que se encontrava e parecia feliz, mas que agora, para ele, era uma farsa, sendo ele o "filho do capeta", do demônio.

Humberto fez uma tatuagem de um tridente na parte interna de seu braço, marca e dor de sua história, que apontava todo o caminho que trilhou para se destruir, quando não pôde superar a história, e, certamente, a forma de desamor e raiva do que foi para ele contado.

Procuramos resgatar sua família para trabalhar as questões e emoções conflitivas de Humberto, mas esta não se apresentou, e o adolescente foi liberado. Ao sair do sistema, pouco tempo depois, Humberto enfrentou o último paradoxo de sua revolta, pois também se culpava e maltratava-se em função de sua história, sempre se colocando em riscos, procurando o perigo; queria viver e ser feliz, ao mesmo tempo que odiava e amava sua família: foi morto de forma violenta, queimado, como se castigado (ou castigando-se) por ser um filho de uma relação que não podia acontecer, "filho do capeta", "do demônio", como se denominava, como se fosse culpado do ato incestuoso de seu avô/pai com sua mãe, do qual, na verdade, não tinha culpa alguma. Carregava, no peito, a tristeza inocente e, no braço, a marca de ser filho de uma relação incestuosa e de ter percebido que nenhum daqueles que confiava contou para ele, ao menos de outra forma e em momento adequado, o acontecido. Sentiu-se traído e indignado. Nos atendimentos, o adolescente estabeleceu um bom vínculo com a equipe e pôde sentir-se livre em sua mente, em alguns momentos, chegando a compor uma música com falas alegres, como um modo de autorizar-se a ser um adolescente com direito a ter momentos felizes.

Pensando na história de Humberto, observamos como ele desorganizou todo o seu percurso de vida após a revelação de sua avó, saindo de uma vida anterior com certa organização familiar, social e estudantil, nas inter-relações pessoais que vivenciava, com afeto e carinho pela família, para uma vida desarvorada, sem limites, pelo horror que sentiu por sua história de gestação e pelas mentiras em torno dela, de como a família prosseguiu convivendo.

Apesar da importância da verdade nas interações fami-liares, as questões secretas, que ficam no oculto, verdades escon-didas, existentes em alguns núcleos familiares, demandam um espaço construtivo para sua revelação. Podem provocar, ao serem segredos revelados, em narrativas abruptas, resultados trágicos em seus membros, principalmente considerando a forma hostil pela qual são reveladas. Humberto parece ter procurado sua des-truição depois de saber sua história, pela forma como foi revelada. Assim, sublinho a importância de intervenções familiares opor-tunizarem o trabalho emocional entre seus membros, com seus significados e possíveis traumas que possam estar relacionados, ampliando as chances de superação no lidar com tais revelações.

Uma história social da história seria a análise do trabalho de enquadramento da memória, que se pode dar em termos de investimento, e também ocorre o trabalho da própria memória em si, em que um movimento de organização dá-se a cada vez que a memória constitui-se, efetuando, a partir dessa constituição, um trabalho de "manutenção, de coerência, de unidade, de continuidade"[134].

Pierre Nora, outro estudioso da área, aponta uma contraposição entre memória e história, ressaltando que "a memória é a vida, sempre carregada por grupos vivos", e assinala seu caráter evolutivo e dinâmico, "aberta à dialética da lembrança e do esquecimento", e sua vulnerabilidade ao uso e a manipulações que de seu conteúdo podem ser feitas, sendo um fenômeno sempre atual[135]. Sublinha Nora que "a história é a reconstrução sempre problemática e incompleta do que não existe mais", uma representação do passado.

> Porque é afetiva e mágica, a memória não se acomoda a detalhes que a confortam: ela se alimenta de lembranças vagas, telescópicas, globais ou flutuantes, particulares ou simbólicas, sensível a todas as transferências, cenas, censura ou projeções. A história, porque operação intelectual e laicizante, demanda análise e discurso crítico[136].

O autor apresenta uma mudança na relação do social com a memória e a história, apontando uma forma diversa da existente, em que a história sofre oscilações em relação à sua forma anterior de existir, acontecendo com a memória um deslocar-se para se tornar "referência de lugares", e torna-se pautada em arquivos, para se dar o registro, uma "memória arquivística", que "se apoia inteiramente no que há de mais preciso no traço, mais material no vestígio, mais concreto no registro, mais visível

---

[134] Ibidem, p.206.
[135] NORA, P. Entre memória e história: a problemática dos lugares. **Projeto História – Revista do Programa de Estudos Pós-Graduados e do Departamento de História**, São Paulo, n. 10, p. 7-28, 1993.
[136] Ibidem, p.9.

FAMÍLIA, SOCIOEDUCAÇÃO E PROJETO "GOLFINHOS": UMA CONSTRUÇÃO COLETIVA

na imagem"[137]. Nora destaca a obsessão que toma conta do contemporâneo: o arquivo, levando a uma metamorfose da memória em história, "não existe mais um homem-memória, mas um lugar de memória"[138], e esses lugares têm significado em três sentidos: material, simbólico e funcional.

> [...] a memória, com efeito, só conheceu duas formas de legitimidade: histórica ou literária. Elas foram, aliás, exercidas paralelamente, mas, até hoje, separadamente. A fronteira hoje desaparece e sobre a morte quase simultânea da história-memória e da história-ficção, nasce um tipo de história que deve seu prestígio e legitimidade à sua nova relação com o passado, um outro passado... O interesse pelos lugares onde se ancora, se condensa e se exprime o capital esgotado de nossa memória coletiva que ressalta dessa sensibilidade. História, profundidade de uma época arrancada de sua profundidade, romance verdadeiro de uma época sem romance verdadeiro. Memória, promovida ao centro da história: é o luto manifesto da literatura[139].

Gagnebin desenvolve seu livro *Lembrar escrever esquecer* em torno de conceitos como memória, narrativa, rastro, testemunho, entre outros, que estão no foco do interesse deste trabalho[140]. Gagnebin contextualiza Walter Benjamin, em suas teses "Sobre o conceito de história", escritas em 1940, apontando que o autor realiza uma crítica ao ideal da ciência histórica, que se pretende isenta de implicações no discurso científico, com pretensões de alcançar uma descrição exata do passado, quando, sob tal aparência, constrói-se, na verdade, uma história pautada em interesses de uma ideologia dominante. "Nós articulamos o passado, diz Benjamin, nós não o descrevemos..."[141]. Delineia-se uma his-

---

[137] Ibidem, p.14.
[138] Ibidem, p.18.
[139] Ibidem p.28.
[140] GAGNEBIN, J. M. **Lembrar escrever esquecer**. São Paulo: Editora 34, 2006.
[141] Ibidem, p.40.

tória que, de fato, atende a interesses precisos, dentro de uma lógica detentora de poder, que trabalha essa história de forma a garantir seu roteiro, dentro de uma expectativa de equilíbrio. Uma manipulação da história que se remetia, como exemplo trazido pela autora, aos fatos omitidos na época das atrocidades cometidas por Hitler e seus seguidores. Ainda hoje, encontram-se teses revisionistas, com a consequente estratégia de abolir provas aniquilatórias, denegação da violência cometida, anulação da história verdadeira e inviabilização de combater a repetição desse horror.

Algumas histórias de nossos adolescentes enfrentam um apagamento pelo horror que nelas existem, histórias atravessadas pelo sentimento de impossibilidade da narrativa, vivenciado por comunidades ou famílias diante de certas atrocidades. Gagnebin sublinha, em suas reflexões, que tais histórias precisam ser contadas para não se repetirem:

> [...] o historiador atual se vê confrontado com uma tarefa também essencial, mas sem glória: ele precisa transmitir o inenarrável, manter viva a memória dos sem-nome, ser fiel aos mortos que não puderam ser enterrados [...]. Tarefa altamente política: lutar contra o esquecimento e a denegação é também lutar contra a repetição do horror (que, infelizmente, se reproduz constantemente). Tarefa igualmente ética e, num sentido amplo, especificamente psíquica: as palavras do historiador ajudam a enterrar os mortos do passado e a cavar um túmulo para aqueles que dele foram privados. Trabalho de luto que nos deve ajudar, nós, os vivos, a nos lembrarmos dos mortos para melhor viver hoje. Assim, a preocupação com a verdade do passado se completa na exigência de um presente que, também, possa ser verdadeiro[142].

Remeto aqui a um relato parcial de uma história, entre outras, que ainda hoje nos impacta. Fernando era um rapaz negro, de classe pobre, não tinha feições bonitas, sua autoestima era baixa. Era um

---

[142] Ibidem, p.47.

dos filhos de uma prole numerosa, uma genitora pouco orientada, com muitas limitações emocionais. O pai era falecido. O menino sofria numerosas discriminações e era sempre visto como infrator.

Contudo, o adolescente não desistia de seus objetivos, com uma determinação que merecia elogios. Estudou com esmero e chegou ao ensino médio, apesar de lidar com dificuldades para se matricular. Enfrentou algumas dificuldades em matérias, pediu-nos ajuda e, enfim, concluiu o ensino médio. O rapaz inscreveu-se para concurso em órgão municipal e foi aprovado. Estava muito feliz, já trabalhando, e iria receber seu primeiro salário. Contou que faria uma festa para comemorar esse marco. Nesse período, teve uma desavença com um vizinho comerciante, que o ameaçou de morte. Apesar de ter sido orientada a afastar Fernando e a procurar proteção, a família insistiu que ele voltasse para casa. Fernando apareceu morto, sem ninguém saber como aconteceu. Comunidade silenciosa, e, segundo a família, o crime nem foi investigado. Afinal, o adolescente era infrator. São incontáveis esses horrores silenciosos, perdas de vidas tão jovens. Waiselfisz[143] assinala que, em 1998, quando foi divulgado o primeiro dos mapas da violência, foi destacada, sobre os dados existentes na época, uma evidência não muito diferente da atualidade:

> [...] mais um de nossos esquecimentos. Jovens só aparecem na consciência e na cena pública quando a crônica jornalística os tira do esquecimento para nos mostrar um delinquente, ou infrator, ou criminoso; seu envolvimento com o tráfico de drogas e armas, as brigas das torcidas organizadas ou nos bailes da periferia. Do esquecimento e da omissão passa-se, de forma fácil, à condenação, e daí medeia só um pequeno passo para a repressão e punição[144].

---

[143] WAISELFISZ, J. J. **Mapa da violência:** adolescentes de 16 a 17 anos no Brasil. Rio de Janeiro: FLACSO BRASIL, 2015.

[144] WAISELFISZ, J. J. **Mapa da violência:** os jovens do Brasil. Brasília: UNESCO/Instituto Ayrton Senna, 1998.

O conceito de rastro, abordado por Gagnebin, tem o interesse de trabalhar o liame entre rastro e memória: "o rastro inscreve a lembrança de uma presença que não existe mais e que sempre corre o risco de se apagar definitivamente"[145]. Articula o conceito de rastro com o conceito de memória, assinalando a existência, em ambos, da tensão entre presença e ausência, apontando a questão de sua fragilidade, assim como da memória e da escrita, o que levanta a questão para o historiador, do enfrentamento do esquecimento e da denegação do que não se pode perder na história.

Gagnebin sublinha uma missão política de comprometimento, que é a luta contra o esquecimento dos acontecimentos que devem ser impedidos de nova ocorrência pela sua monstruosidade evidente. Ao analisar o mundo na atualidade, transpondo para os dias de hoje, considerando, inclusive, o advento das normativas em torno dos Direitos Humanos, este desafio está posto: "A fidelidade ao passado, não sendo um fim em si, visa à transformação do presente."[146].

Parto para mais um pouco de tantas histórias, todas importantes e assinalando uma demanda enorme de atuação das políticas públicas e mais intervenção pelos Direitos Humanos.

Antônio era um adolescente muito alegre, chegava para o acompanhamento sempre disponível para nossos diálogos, veio demonstrando muita consciência das possibilidades de mudanças em sua vida e em seu desenvolvimento. Sua família foi participativa em todo o tempo.

No transcorrer desse acompanhamento, em que foram feitos os encaminhamentos necessários para o alcance do objetivo de uma medida socioeducativa, Antônio estava com a indicação pela equipe de progressão de MSE, quando é atropelado e quase morre. Perdeu vários dentes, sendo encaminhado para restau-

---

[145] GAGNEBIN, 2006, p. 44.
[146] Ibidem, p.55.

ração, com indenização, o que o fez acreditar um pouco mais na justiça social para pessoas carentes como ele.

Após terminar o tratamento, nem acreditou! Estava novamente se sentindo bem, podendo voltar a sorrir, mas revelou o fato de que enfrentava ameaças de morte, e não as temia, apesar de ser orientado, inúmeras vezes, assim como sua família, de que deveria proteger-se, sair do local, não transitar por onde era arriscado, onde havia presença de facções contrárias à sua região de moradia. Porém, não atendendo às orientações, depois de já liberado do cumprimento de MSE, recebemos a notícia de que, no caminho para visitar a namorada, foi assassinado, quando passeava em sua bicicleta. Apagaram sua alegria, tiraram sua vida, grande tristeza... Não tivemos notícia de ter sido desvendado o crime ou de serem punidos os criminosos.

Assim como ele, muitos adolescentes têm sua vida subtraída de forma violenta. Principalmente quando acompanhava a medida de Liberdade Assistida, enfrentei inúmeras perdas, pois os adolescentes já podiam circular livremente na cidade, "curtir a liberdade", mas também tinham que lidar com os perigos e ameaças existentes "na pista", como falam.

É possível pensar quais seriam as violações de direitos? São muitas, mas citarei aqui apenas algumas enfrentadas nas comunidades pobres, de onde vem o maior número de adolescentes que ingressam no sistema, tais como a prática das "milícias"[147] e sua existência não reconhecida. Em raras exceções, a justiça alcançou os envolvidos, acusados, por exemplo, de assassinato e de controlar suas vidas, em regiões de condições precárias de subsistência. Ao

---

[147] Sentido popular que adquiriu o termo "milícia" no Rio de Janeiro: grupo de pessoas que se autodenominam "guardiões da comunidade" e cometem atos que dizem ser justiceiros, de controle da região. Algumas fontes associam a origem dessa denominação como advinda do sentido do vocabulário que tem o significado de grupos militares ou paramilitares, compostos por cidadãos comuns, armados ou com poder de polícia. Disponível em: <http://www.dicionarioinformal.com.br/mil%C3%ADcia/>. Acesso em: 03/02/2016.

menos ao que parece, absolutamente nada acontece acerca das perdas de vida, principalmente de adolescentes e, mais ainda, se forem egressos ou evadidos do sistema. Cito também, brevemente, o confronto entre as chamadas "facções"[148], grupos, "comandos" compostos por membros envolvidos com o crime, exercendo poder absoluto sobre o direito de viver e morrer dentro de comunidades (e fora delas também, como em presídios e unidades socioeducativas). Pouco ou nada se fala ou se faz acerca disso, efetivamente, para uma desconstrução de tudo que envolve e ameaça aos cidadãos de inúmeras regiões em diversos estados do país. O "poder do tráfico" está presente nas relações de convivência nas comunidades. Indivíduos envolvidos com o tráfico de drogas, com poderes sobre os moradores da região, exercem decisões sobre a vida ou morte das pessoas, e podem estar comprometidos em atos diversos cometidos por ordem de sua força, inclusive armada, tais como uso de casas para guarda de armas, decisão acerca de toque de recolher para os habitantes, fechamento de comércio local, e outros. Por vezes, tais indivíduos apresentam a capacidade do cometimento de atrocidades com o corpo humano, como forma de "dar exemplo" para os outros, principalmente contra aqueles que consideram "traidores", chamados de "X9"[149].

A falta de aparato e suporte pelos setores públicos, nas ações e intervenções na área da saúde, educação, segurança e tantas outras, são violações de direitos, que também ficam evidenciadas, a todo o momento, por notícias transmitidas pelos órgãos de comunicação, os quais falam, todos os dias, sobre assassinatos de jovens, sumiço de pessoas, falta de recursos em diversos setores, assim como por todas essas histórias que acompanhamos, que ficam sem soluções ou providências.

---

[148] As facções criminosas são organizações compostas por pessoas envolvidas com a criminalidade, em que os diferentes comandos contrapõem-se de forma violenta, definindo territórios e áreas de atuação e vivência.

[149] Expressão que significa delator, dedo duro, informante.

Ao escutar as falas e narrativas de tantas famílias e adolescentes, além de todos os enfrentamentos referentes à sua história – como se organiza o sistema familiar, os conflitos existentes, o lidar com perdas significativas, a existência de segredos a serem revelados (ou, se revelados, são de forma inadequada), vivência de traumas, dificuldades de lidar com as relações afetivas, múltiplas vulnerabilidades e, por vezes, a existência de violência doméstica –, constatam-se também essas narrativas em torno do que enfrentam na realidade de seu cotidiano.

Recordo-me da história de uma família na qual os avôs de Fábio estavam criando os netos, pois os pais faleceram. O pai teve uma morte violenta, em acidente trágico de trabalho, em embarcação marítima, e sua família nunca conseguiu receber seus direitos de trabalhador, tendo morrido em exercício laboral. Os avôs sentiam-se enfraquecidos para lidar com os netos e suas dificuldades, pela fragilidade de suas idades e condições físicas.

Para Fábio, a história do pai era mal resolvida, sentia-se injustiçado, faltando algo que foi tirado dele, pois nem o que tinha por direito foi ressarcido. Procuramos trabalhar o sistema familiar, com os avós e um irmão, e a existência de conflitos internos no cotidiano da família: a dificuldade de lidar com limites, o uso de drogas pelo adolescente, a avó com a saúde comprometida por uma doença que requeria medicação específica, o custo financeiro alto, entre inúmeras questões que surgiam.

Em relação ao medicamento, encaminhamos a avó para a defensoria pública. Depois de enfrentar adversidades, obteve a garantia de seu direito ao remédio que precisava. Temeroso por sua saúde, Fábio demonstrava muito afeto por ela. O adolescente era usuário de drogas, mas conseguiu parar durante um tempo. Enquanto cumpria sua medida, fez o curso técnico de mecânica de automóveis, acompanhado por nós e pela equipe do centro profissionalizante, saindo-se bem, apesar de alguns tropeços.

Depois de um tempo já liberado, não conseguia inserção no mercado de trabalho e demonstrava muita angústia com isso. Seus avós, depois de um período, entraram em contato e relataram que havia voltado ao uso de drogas, abrindo um surto psicótico e ficando desorientado e perdido na comunidade. Orientamos e solicitamos que a família o inserisse em atendimento na rede de saúde mental, realizamos encaminhamentos, solicitamos seu comparecimento na unidade e informamos o novo endereço, pois o local de trabalho da equipe havia mudado.

Chegou a vir uma vez, atendendo ao nosso convite. Mas não foi onde estávamos, esteve na antiga sede do Polo e não nos localizou. Procurávamos fazer contato com ele por telefone e encaminhamos um informe para o Juizado, em caráter de urgência, solicitando inserção em tratamento de saúde mental.

A avó relatava que ele perambulava pela comunidade e que foi "avisado" de que não podia andar à noite; mas, como estava em surto mental, segundo sua informação, saía, mesmo com a proibição local. Procuramos trazê-lo para um curso profissionalizante, inserção em atividades e encaminhamento para tratamento, porém não conseguimos. Depois de certo tempo em liberdade, soubemos, pelos avós, que Fábio fora assassinado e que eles foram proibidos de procurar o corpo. A família suspeitava de que havia sido jogado ao mar, com pedras para afundar. Vieram conversar conosco, relataram todo o ocorrido e a tristeza que enfrentavam. Procuramos acolher o casal de idosos, em seu luto e desespero, por mais uma perda na família. Posteriormente, informaram-nos que decidiram ir à delegacia pedir ajuda, para terem o direito de, ao menos, enterrar seu neto. Triste destino, também trágico, corpo no mar como seu pai, mais uma morte sem justiça.

Muito temos a trabalhar para o bom encaminhamento de todas as questões, somando a abordagem psicoterapêutica propriamente dita, buscando tecer redes no meio social, para que os adolescentes e as famílias tenham acesso a seus direitos e para que possam bem cumprir seus deveres de cidadãos. Os socioeducadores, incluindo, na prática socioeducativa, os profissionais da Psicologia, Pedagogia e outros, realizam suas ações no sentido dos encaminhamentos das questões trazidas, mesmo essas ações sendo de diferentes áreas de intervenção que, por muitas vezes, vão, de certa forma, além da proposição direta da socioeducação, abarcando, na verdade, demandas que alcançam ações sociopolítico-econômico-jurídicas mais amplas, dentro da e pela sociedade.

Ainda há o enfrentamento da população com as dificuldades para obter respostas a demandas pelas representações de poderes e setores públicos, vendo-se sem autonomia para movimentar ações, no sentido de ir ao enfrentamento de violações de direitos sofridas. Muitas vezes, por descrédito, por acreditar que não tem como se colocar e alcançar mudanças efetivas em seu território, por medo de retaliações, o cidadão fecha-se em silêncio, escutando ou vendo, em seu espaço cotidiano, atos absurdos e errados, não tendo como dar conta de proteção e prevenção para si e para sua família.

Cada membro de uma comunidade tem sua história, individual, coletiva e comunitária, cada adolescente e família têm suas singularidades e pertencimento a seu meio e demandam reconhecimento de sua força, de suas potencialidades, de seus direitos e lugar como cidadãos, devendo também alcançar a consciência da importância da implicação de suas ações em mudanças necessárias para o bem-estar de suas vidas.

Gusmão e Souza assinalam a importância da singularidade dos indivíduos sublinhando "a importância da experiência singular e a presença única de cada pessoa"[150], e penso que se deve levar em consideração a narrativa de suas histórias e a capacidade

---

[150] GUSMÃO, D. S.; SOUZA, S. J. História, memória e narrativa: a revelação do "quem" nas histórias orais dos habitantes do Córrego dos Januários. **Psicol. Soc. [online]**, v .22, n. 2, p. 288-298, 2010.

de criação de novas formas de estar no mundo, articulada com as escolhas feitas a partir de suas histórias:

> O nascimento inaugura uma história possível. O que vem a seguir é a ação dos homens no mundo. O homem como artífice da materialidade e da cultura, expressão de sua existência única e singular até o dia do juízo final[151].

Diante dessas reflexões, visualizo a necessidade de articular os conceitos estudados, tal como o conhecimento acerca da construção de memórias coletivas dessas famílias, a memória individual, a memória subterrânea, que resiste a tantas injustiças e busca meios de sobrevivência, a história e a "verdadeira história" que precisa ser conhecida. Como lidar com tudo isso, da forma mais produtiva possível, como profissional da Psicologia, desvelando falas que ocultam riscos e situações? Como contribuir com verdadeiras transformações?

Gusmão e Souza apontam uma colocação de Arendt que assinala a capacidade dos homens de trazer, de produzir mudanças no mundo, por meio de suas ações: a ação dos homens é um ato político renovável cotidianamente, sendo as escolhas na vida os modos como estão participando dessa vida, pelo fato de existirem, na relação da construção de um futuro.

As autoras assinalam o risco constante que envolve o viver e a importância de confiar, citando Arendt, que diz:

> [...] a palavra é também uma forma de ação. Eis então o primeiro risco. O segundo é o seguinte: nós começamos alguma coisa, jogamos nossas redes em uma trama de relações, e nunca sabemos qual será o resultado ... Isso vale para qualquer ação, e é simplesmente por isso que a ação se concretiza - ela escapa às previsões. É um risco. E agora acrescentaria que esse risco só é possível se confiarmos nos homens, isto é, se lhe dermos nossa confiança

---

[151] Ibidem, p.288.

- isto é o mais difícil de entender - no que há de mais humano no homem; de outro modo seria impossível[152].

O conceito de testemunha apresentado por Gagnebin traz uma breve exposição do que muito se tem a fazer e desenvolver no processo de escuta/intervenção junto aos adolescentes e suas famílias:

> Testemunha também seria aquele que não vai embora, que consegue ouvir a narração insuportável do outro e que aceita que suas palavras levem adiante, como num revezamento, a história do outro: não por culpabilidade ou por compaixão, mas porque somente a transmissão simbólica, assumida apesar e por causa do sofrimento indizível, somente essa retomada reflexiva do passado pode nos ajudar a não repeti-lo infinitamente, mas a ousar esboçar uma outra história, a inventar o presente[153].

Remeto, a seguir, a uma breve ilustração, a uma história que, em certa ocasião, diria que fomos testemunhas uns dos outros. Em um dia em audiência, acompanhando William, um adolescente de comarca fora do Rio de Janeiro, observo o Juiz, que, durante a audiência, frisava para o adolescente, pela proximidade da época do ano, que ele iria passar o Natal no Padre (referindo-se ao Instituto Padre Severino). Falava de forma a assinalar que seria como um castigo para o adolescente, e o defensor nada falava.

Enquanto ainda estavam em trâmite as leituras dos documentos e o relatório do adolescente no qual a equipe posicionou-se favorável à sua liberação, o juiz ainda não havia concluído sua determinação judicial, apesar de ficar falando para o adolescente diversas vezes que passaria o Natal na instituição; falava, inclusive, seu nome muitas vezes, parecia que o conhecia bastante, pois tinha diversas passagens e já havia estado em diversas audiências.

---

[152] ARENDT, 1993, p. 143 apud GUSMÃO; SOUZA, 2010, p. 289.
[153] GAGNEBIN, 2006, p. 57.

De certa forma, deu a impressão de que o Juiz parecia estar divertindo-se com a angústia do adolescente ao escutar que retornaria ao IPS, com uma audiência tão perto do Natal, o que, para ele, era a grande chance de voltar para casa. E, como não houve movimento da defesa, assinalei diretamente para o defensor que o adolescente tinha direito ao "Habeas Corpus"[154], pois já haviam passado mais de quarenta e cinco dias na internação provisória[155]. O instrumento era raramente utilizado nas audiências, apesar de ser um direito do adolescente.

O defensor, então, colocou a questão em pauta na audiência, solicitando o Habeas Corpus para o adolescente, o que daria direito a ele de ir direto para casa e passar o Natal com sua família! O juiz ficou muito aborrecido com o defensor e começou a falar de desavenças entre eles em outras ocasiões, discutiram e exaltaram-se. Eu e o adolescente permanecemos em silêncio, testemunhando toda uma cena descabida, os dois nervosos falando de suas diferenças em situações que nada tinham a ver com aquela audiência.

Enfim, todos sabiam de seu direito, e, ao final, o adolescente recebeu a liberação e foi entregue à sua família, muito feliz de poder passar o Natal com eles. No período de sua internação provisória, sua família participou do Projeto Golfinhos em algumas de suas modalidades. Seu núcleo familiar apontava para um investimento no futuro do adolescente, precisando lidar com os conflitos internos, retomada de limites e exercício da função parental, mas não cabendo o afastamento, tendo o adolescente indicação de progressão, numa data tão importante para estarem juntos.

---

[154] Medida que visa proteger o direito de ir e vir. É concedido sempre que alguém sofrer ou achar-se ameaçado de sofrer violência ou coação em sua liberdade de locomoção, por ilegalidade ou abuso de poder. Disponível em: <http://www.politize.com.br/remedios-constitucionais-o-que-sao/ >. Acesso em: 29/10/2017.

[155] "Art. 108 - A internação, antes da sentença, pode ser determinada pelo prazo máximo de quarenta e cinco dias" (BRASIL, 1990a).

Fomos testemunhas de uma briga entre poderes, ou poderosos, não muito comum de presenciarmos, em que podemos observar o quanto se pode interferir na avaliação jurídica de socioeducandos, assunto não divulgado ou abordado em geral, com múltiplas questões implícitas, sobre as quais não me debruçarei aqui.

Entre muitas histórias de vida que acompanhamos, para finalizar essa parte, relato a de Leandro, um adolescente muito simpático, criativo, que pertencia a uma família numerosa. Ele ingressou no sistema por diversas vezes, em internação provisória e em privação de liberdade. Seus pais aderiram ao projeto e apresentaram diversos conflitos vivenciados no sistema familiar. Com a família de Leandro, tivemos a oportunidade de trabalhar com diversos recursos da terapia sistêmica construtivista, no Projeto Golfinhos.

Leandro ficava nas ruas, gostava de usar maconha, pois o relaxava, e, por tal via, envolvia-se com o tráfico e com pequenos furtos de sistemas de sons em automóveis. Adorava música. Leandro sonhava em ser DJ e MC. Sua primeira entrada, de muitas, foi aos 15 anos. Parou de estudar na quarta série e sua capacidade de aprendizado e seus conhecimentos apresentavam uma inteligência acima da média, observada em suas participações nos grupos de reflexão e em outras atividades na unidade.

O MC Leandro fugia quando queria, ninguém sabia como! Nem certo gestor, que parecia conseguir controlar mais a unidade, podia evitá-lo: o menino deixava-o estupefato! Sempre conseguia encontrar brechas no sistema de segurança e sumia. Após um tempo, voltava, apreendido por algum novo ato infracional ou por mandado de busca! Leandro havia fugido mais uma vez, poucos dias antes de um incêndio.

O incêndio foi provocado por dois adolescentes, dentro de um alojamento na unidade. Ao colocarem fogo num colchão, não calcularam o que iria acontecer. O fogo atingiu os outros colchões rapidamente, antes de poderem abrir a porta do alojamento, e foi um horror! Para grande tristeza, adolescentes morreram e outros ficaram com partes do corpo queimadas.

Em nova entrada foi perguntado a ele se sabia de algo sobre o assunto. Disse, muito assustado, ter escutado "coisas" a respeito do que iria acontecer. Porém, ele tinha medo, por isso nada falou, mas entendia que deveria ter conversado conosco, apesar de tudo. Não imaginava o tamanho da tragédia que ocorreria, perto do Natal, queria estar com sua família. Imaginou que seria uma grande confusão, mas não que haveria mortos e feridos, não era a primeira vez que faziam isso.

Contou, em certo atendimento, depois de já estar bem vinculado ao nosso trabalho, ter sofrido agressões físicas, dentro da unidade, em suas internações, mas só relatou isso muito tempo depois do acontecido, o que dificultou os encaminhamentos necessários para apuração e responsabilização dos culpados. Observamos que o medo impedia-o de falar tudo que sabia, tanto da parte dos adolescentes como dos funcionários, e, como era um adolescente que interagia na unidade, em diversos setores, observava os fatos, mas temia revelar e ser prejudicado.

Seu pai e sua mãe moravam juntos, com os 6 filhos. Leandro ficava nas ruas, fugia de casa, dormia perto de um canal, em bairro nobre do Rio de Janeiro; por vezes, dormia na Rocinha, na casa de um colega. Seus pais relatavam condições razoáveis de moradia; o pai trabalhava como técnico de refrigeração junto com a mãe do adolescente. Sua mãe demonstrava muita afetividade, mas evidenciou dificuldades para lidar com o parceiro, que não registrou os filhos por suspeitar que alguns poderiam não ser dele e por querer ser sempre um "homem jovem" – o pai de um adolescente não seria tão jovem assim.

Leandro era um dos filhos com quem tinha uma relação forte e afetiva, mas permeada por certa rejeição. Leandro já trabalhou com eles, mas, atualmente, é músico, cantor de RAP, MC, como nos explicou, sua profissão de vocação. No primeiro atendimento familiar, o pai não compareceu, e a mãe trouxe quatro filhos (menos os gêmeos, que são os mais novos).

Os filhos pareciam ver o pai de uma forma próxima à forma vista pela mãe. Falaram que era "doidinho pelo carro" e que não compareceu porque seu carro estava com problema e de ônibus não iria ao IPS. Nesse encontro, evidenciaram-se as relações de afeto entre os membros da família, todos se abraçando no momento em que Leandro chegou à sala e eles se viram. Um deles, Ciro, que enfrentava rejeição pelo pai por ele duvidar da paternidade, por ser o menino mais claro de pele, cabelo louro e com olhos claros, ficou mais emocionado e correu para fora, sem querer ver o irmão apreendido. A mãe diz que eles são muito parecidos e temia que ele entrasse no sistema também: "– tenha o mesmo destino que Leandro".

A mãe sentia-se ofendida pela dúvida do companheiro e pela forma como tratava Ciro, mas não conseguia dialogar essa questão com ele. O encontro foi muito dinâmico e, no seguinte, Afonso, o genitor, compareceu e trouxe os gêmeos também. Todos foram muito participativos e afetivos, mas evidenciou-se que o genitor controlava as falas da família, não permitindo a liberdade do conteúdo, parecendo que havia algo que queria ocultar, como uso de drogas ou outra ação ilegal.

O casal já vivia junto há muitos anos, mas não legalizou sua união, pois Afonso tem um casamento anterior e não regularizou a separação. Em relação aos filhos, não os registrara ainda. No atendimento familiar, desenvolvemos uma intervenção no sentido de contribuir com a circulação de afeto na família. Assinalamos a importância desse registro de paternidade e encaminhamos o casal para o órgão de referência.

Afonso buscava demonstrar simpatia e comportava-se como se fosse um "garotão". Clara, muito afetiva e alegre, quando estava junto com o companheiro, ficava mais reservada, procurando não tocar nos pontos de conflito. Trabalhamos com eles as questões que surgiam e iam aos poucos sendo expostas.

Observamos que demonstravam ter segredos familiares, que atrapalhavam suas interações, o desenvolvimento dos filhos e a própria relação conjugal. Trabalhamos com diversas técnicas terapêuticas, foi um trabalho produtivo com esse núcleo familiar, que prosseguia quando Leandro tinha nova entrada no sistema, por evasões e/ou novo cometimento de ato infracional.

Em seu próximo retorno, o adolescente reconheceu-se mais amadurecido, mais responsável e disposto a residir com seus pais, que mudaram de casa. Afirmando não cometer mais furtos, contou que foi apreendido por estar fumando maconha e ter evadido da internação anterior, em outra unidade, antes de sua progressão. Relatou que evadiu porque estava apanhando muito de outro adolescente, naquela unidade, e não estava conseguindo defender-se.

Na continuidade do acompanhamento à família de Leandro, esta cresceu: sua irmã teve um bebê, Leandro e seus irmãos tornaram-se tios. Trabalhamos a relação entre Leandro e Afonso, pois o adolescente, quando se desentendia com o pai, saía de casa, no impulso. Assinalamos a existência de outras alternativas, diferentes das que usa, para lidar com seus conflitos. Leandro revelou que a mesma coisa que acontecia com Ciro também acontecia com ele: superproteção da mãe, rejeição do pai e conflitos intrafamiliares ao mesmo tempo. Foi possível aprofundar o trabalho com ele, pois estava falando mais de si, pensando em sua história.

Foram prescritas, para a família, algumas tarefas, como registro dos filhos pelo pai, espaço mais preservado para o casal, exercício parental de limites coerentes e claros, propiciadores de circulação de afeto com maior reconhecimento do pertencimento familiar.

Entre entradas e saídas, meses depois, novamente encontramos Leandro e sua família. O encontro deles foi de muita emoção, não se viam há alguns meses. O avô materno faleceu, o que abalou a família, foi repentino e inesperado, a ponto de um dos irmãos de Clara, detento, não conseguir comparecer. Apesar de a família ter tentado sua liberação e de ser um direito do preso, que, no dia seguinte, receberia a liberdade, não foi autorizada sua saída da unidade prisional para estar no enterro de seu pai. Leandro ficou muito sentido com a morte do avô, chorou muito e também soube que seu pai encontrava-se hospitalizado, por ter sido acometido por bactérias, advindas de seu uso anterior de drogas, estando limpo há seis meses. Ficou muito abalado e preocupado. Segredos revelando-se.

Clara contou que o sobrinho de Leandro foi raptado pelo genitor e que, junto à filha, estava tentando seu retorno à família via judicial. Estavam encontrando dificuldades para resolução dessa questão, apesar de já ter sido a guarda materna estabelecida em juízo.

Em atendimento seguinte, com os pais, em dia de visita, Afonso compareceu junto com Clara, e Leandro reafirmou suas decisões de voltar para casa da família e voltar a trabalhar com o pai, reforçando seu compromisso com tais metas. Clara relatou que Afonso também se comprometeu a realizar os registros dos sete filhos, regularizar seu divórcio do primeiro casamento e oficializar o casamento deles, de 18 anos. Passos importantes dados pela família em direção a uma nova organização.

Na semana seguinte, Clara informou que Afonso foi novamente internado, no sábado mesmo, após a visita, mas que estava melhorando aos poucos. Leandro ficou emocionado e preocupou-se com o pai, voltando a comprometer-se a retornar para casa, trabalhar com o pai e sair das ruas. Afirmou também que não abandonaria a música, que continuaria a apresentar o

RAP, porque gostava muito de cantar e compor, já tendo feito demonstrações para a equipe da unidade, que gostou muito de suas composições e interpretação como cantor.

Clara, mãe de Leandro, demonstrava empenho em seu trabalho na área de instalação e manutenção de equipamentos de refrigeração, apreciou que Leandro iria trabalhar com eles e relatou que faria sua matrícula no curso de alfabetização, na Igreja que frequentava, retomando os estudos. A atitude foi extremamente positiva para o sistema familiar, apontando para novas direções de seus membros.

Na semana seguinte, em audiência, sem evasão, Leandro recebeu a determinação de liberdade, recebeu progressão de medida, com entrega ao responsável. Foi um momento de emoção para toda a família e para a equipe que o acompanhou durante dois anos, entre algumas entradas e evasões! Saiu em liberdade, de forma oficial! Fizemos a entrega aos pais na própria unidade, onde compareceram Afonso, já melhor e trabalhando, e Clara, bem mais magra, mas bem de saúde.

Agendamos um atendimento para encerramento com os pais na semana seguinte, para reforçar o trabalho com o casal e a função parental. Dois meses depois, Leandro retornou. Conseguiu ficar um mês em casa e, depois de brigar com o pai, saiu de casa novamente. Nem lembra o motivo da briga e reconhece que estava com vontade de voltar para as ruas, havia até pensado em voltar para casa depois de um tempo, mas ficou nas ruas e foi novamente apreendido furtando acessórios de um carro no bairro de sua preferência.

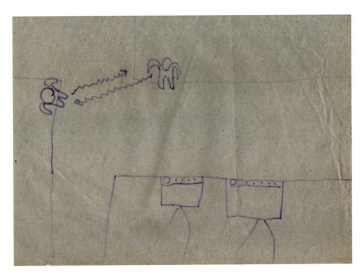

FIGURA 11 – DESENHO DE LEANDRO NO RELATO DO DESENTENDIMENTO COM O PAI
FONTE: ARQUIVO DO PROJETO GOLFINHOS.

Leandro, depois de trabalharmos com ele sobre suas escolhas, disse que compreendia o que falamos, mas que não conseguia conectar com seu sentimento. Leandro disse, nessa ocasião, que estava achando seus pais envelhecidos, que seu pai perdeu clientes – ele tinha uma clientela grande na outra casa onde residiam antes e era muito reconhecido.

Reafirmou desejo de mudanças, sendo provocado e desafiado pelas terapeutas se realmente iria ser firme na próxima vez. Realizamos uma dinâmica com desenho da casa e observamos uma grande fusão entre os membros da família, um emaranhamento emocional que dificultava o desenvolvimento de seus membros (figura abaixo) e uma falta de privacidade para o exercício da sexualidade do casal e para o cotidiano dos filhos. Sendo Leandro o mais velho, o sair de casa parece assinalar a busca de um espaço mais seu, de certa forma mais organizado, em seu nível interno, mais livre e sem participar tão proximamente da vida íntima dos pais.

Leandro tentava diferenciar-se, mas enfrentava dificuldades. Sua produção gráfica mostrou essa relação da mistura do sistema familiar. Ele tentou dormir em espaço separado após a família ter sido orientada para o casal ter seu espaço e para os filhos terem outro, pois Leandro também estava crescendo e seria bom que a família fosse melhor organizada. Então, quando ele voltou para casa, falaram para dormir em um quarto sozinho, porém todos foram dormir juntos na sala! Leandro ficou três dias no quarto e, no quarto dia, passou a dormir na sala com todos, onde o emaranhamento continuava, mesmo sem ele, e o quarto ficava vazio... Mudanças são processuais, vão dando-se aos poucos...

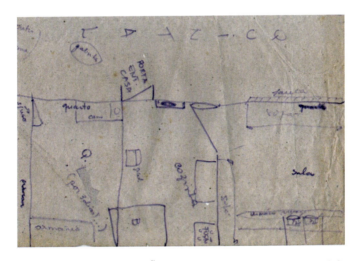

FIGURA 12 – ORGANIZAÇÃO ESPACIAL DA CASA DE LEANDRO
FONTE: Arquivo do Projeto Golfinhos.

Prosseguimos trabalhando com Leandro sua matriz familiar e o investimento em sua diferenciação familiar, com preservação dos laços afetivos. No trabalho de finalização, o adolescente fez um desenho representando o presente e outro projetando seu futuro (figuras abaixo):

O PASSADO E O PRESENTE

O FUTURO

FIGURA 13 – DESENHO DE L. ACERCA DE SUA VIDA ANTERIOR E ATUAL.
FONTE: Arquivo do Projeto Golfinhos.

FIGURA 14 – DESENHO DE L. SOBRE SUAS PERSPECTIVAS PARA O AMANHÃ.
FONTE: Arquivo do Projeto Golfinhos.

Trabalhamos muito, com seu núcleo familiar, as funções paternas, as lembranças e significados familiares e alcançamos, com o pai, uma postura mais responsável com ele e o reconhecimento e registro da paternidade de seus filhos não registrados.

Finalmente, Leandro cumpriu sua medida integralmente, recebendo Liberdade Assistida, foi entregue ao responsável e não mais retornou. Algum tempo depois, visitou-nos, no IPS, para contar que estava bem, construindo sua vida familiar, e disse que podíamos contar com ele, agradeceu nosso acompanhamento com ele e com a família, relatou estar trabalhando e estar bem com a vida e com a família. Interessante observar que, depois de sua saída, não registramos a entrada de nenhum de seus irmãos. O sistema familiar parece ter se organizado de forma mais saudável.

A escuta das falas de adolescentes e familiares promoveram uma abertura para uma construção que deve ser coletiva, em que poderão articular-se as histórias de família, as vivências comunitárias, e a história que não é revelada poderá ter lugar nas narrativas. A singularidade de cada adolescente e de seu parceiro ou parceira, amadurecendo numa vivência integralizada de suas experiências, em que o exercício da sexualidade também faz parte, incluindo a emoção e o afeto, não deve ser ignorada, pois constitui relação de referência sociofamiliar. Os conceitos apresentados sobre memória entrelaçam-se também no trabalho no sistema socioeducativo, o desconstruir estigmas e a revelação de histórias e segredos contribuem para trabalhar os conteúdos que atravessam o desenvolvimento de adolescentes.

O conceito de memória subterrânea, respeitando suas múltiplas dimensões, mas articulando com as histórias vividas e não narradas, daqueles que se sentem vencidos de antemão, tem uma importância no trabalho socioeducativo, no sentido de implicar uma escuta diferenciada às histórias de vida, às narrativas trazidas pelos adolescentes e suas famílias, em seu enfrentamento cotidiano de violações de seus direitos como cidadãos. Abrange-se também o que se refere à ausência de políticas públicas eficazes, que, apesar de um caminho produtivo estar sendo percorrido, muito ainda falta para alcançar o posto em nossa Constituição Brasileira:

> A história não é um lugar vazio e homogêneo, definido para todo o sempre em um passado que se foi, mas, ao contrário, um espaço de revelações surpreendentes, lugar de transformação das reminiscências em palavras

e imagens. A história é o lugar de conciliação do passado com o presente, apontando perspectivas de futuro. Entrar na morada da memória significa tomar consciência do modo como cada vida singular é parte de uma história maior. A história de uma comunidade não se esgota nunca. Cria sempre um novo começo a partir do encontro dos relatos entre as gerações. As origens são múltiplas, e a verdadeira imagem do passado perpassa veloz. Fixar é o grande desafio. Capturar as imagens do passado no momento em que são reconhecidas coletivamente. Esse momento é o do encontro do narrador com a escuta daquele que acolhe com sabedoria as histórias lembradas, preciosidades que devem permanecer reverberando sentidos na grande temporalidade. Humanizar a experiência humana é lembrar e contar as múltiplas versões que a vida pode e deve ter[156].

A memória individual e familiar dos adolescentes, revelando tantas emoções, vivências, afetos e desafetos, pode ser correlacionada com a dimensão do quanto uma memória institucional carrega também muitas histórias e acontecimentos. Em tempos difíceis, na busca de transformações para o paradigma socioeducativo, no confronto com uma lógica ainda repressora e discriminatória, a socioeducação está entrelaçada com essas histórias singulares e também percorre os corredores da instituição a cada dia, nos avanços e retrocessos do sistema em seu cotidiano. Lá estão os operadores do sistema, que trazem uma bagagem pessoal, perpassada pelo sociocultural e lidam com um cotidiano que funciona em alta intensidade emocional, alguns com proposições socioeducativas, outros na busca de um lugar de trabalho e subsistência, outros na busca de um campo de atuação, são coconstrutores da organização e realização dessa missão com os adolescentes e lidam com muitos acontecimentos como relatado

---

[156] GUSMÃO; SOUZA, 2010, p. 297.

anteriormente, demandando também uma fagulha revolucionária para a construção de linhas de agenciamento criativo.

Apresento, a seguir, as normativas em torno do direito à visita íntima no sistema socioeducativo, que oportunizam uma grande e importante mudança para os adolescentes e familiares em todo o país, com a garantia da implantação desse direito. Prossigo, concluindo o relato acerca da trajetória institucional, abordando a articulação com as propostas de ações no sistema socioeducativo, a inserção nos GTs relativos à visita íntima, ao programa de saúde e sexualidade, e abordo os conceitos relacionados, como adolescência e sexualidade.

5

FAMÍLIA, AFETO E SEXUALIDADE: VISITA ÍNTIMA, DIREITO A SER ASSEGURADO

Atualmente, trabalho na Assessoria de Sistematização Institucional, após ter exercido a chefia da Divisão de Psicologia por seis anos. Esse setor foi escolhido em função de ser um espaço possível de investimento em ações desenvolvidas e apoio para implantação de ações socioeducativas, tais como o Projeto Golfinhos, o Programa Visita Afetiva, assim como acompanhamento de pesquisas que possam contribuir com a socioeducação e investimento em recursos lúdicos no atendimento psicológico, como, por exemplo, aconteceu junto ao Projeto Lego[157] e/ou em outros que sejam produtivos.

O processo de implantação da visita íntima no sistema socioeducativo de restrição e privação de liberdade no Rio de

---

[157] O Projeto Lego iniciou no SSE do RJ, em unidade feminina de internação: Projeto "Educação além dos muros", com elaboração de vídeos educativos preparados para apresentações em escolas; e Robótica Educativa: oficinas de criação e montagem de mecanismos mecânicos e eletrônicos, com a utilização de kits LEGO®. Disponível em: <https://www.institutoclaro.org.br/em-pauta/projeto-leva-tecnologia-e-educacao-para-unidades-de-internacao/>. Acesso em: 29/10/2017. A responsável por esse projeto na instituição, uma professora de extrema dedicação, observando que profissionais da Psicologia, em sua unidade, em atendimento técnico, também estavam obtendo respostas positivas no uso do material do Lego com as adolescentes, fez contato com a Divisão de Psicologia, onde na ocasião eu era a gestora, e conversamos acerca da ideia de expandir o material para os psicólogos do sistema. Realizamos um evento para os psicólogos/as com a apresentação do Projeto Lego pela professora, e uma apresentação sobre o uso de seus recursos no atendimento psicológico, pela psicóloga da unidade. A proposta de parceria com os profissionais da Psicologia foi feita nesse evento e alguns se interessaram. Foi feita uma organização para entrega do material nas unidades e uma breve capacitação. Esse processo começou de forma gradativa, dentro das possibilidades do sistema e de cada profissional. O Projeto Lego proporcionou a profissionais da Psicologia uma abertura de significações no trabalho com os/as adolescentes e, ao mudar minha lotação, foi definido pela Coordenação de Saúde que a divisão de Psicologia seguiria, junto à responsável pelo projeto, promovendo a continuidade da implantação e dando suporte aos profissionais.

Janeiro evoca a efetividade de um direito ainda não implantado e sem uma previsão oficial para acontecer. Tal implantação abarca questões em torno do universo da adolescência em conflito com a lei, acerca da melhor forma de tornar realidade esse direito. Um desafio dentro do sistema socioeducativo é lidar com a sexualidade e o desenvolvimento dos adolescentes, superar as discriminações dentro do próprio sistema, acerca do exercício da sexualidade no período de internação, entre outras questões, e efetivamente tornar fato a garantia desse direito.

5.1 | Normativas em torno do direito à visita íntima

O Estatuto da Criança e do Adolescente, Lei Federal de 18 de julho de 1990, que trata do ordenamento jurídico para as pessoas menores de dezoito anos, referendou a doutrina da proteção integral, de acordo com o artigo 227 da Constituição Federal, de 1988. O artigo contribuiu para a superação da doutrina de situação irregular, advinda do Código de Menores, de 1927, pelo qual os "menores carentes" e "delinquentes" eram encaminhados à Justiça para internação em instituições do estado – indistintamente, como se sua situação socioeconômica fosse indicativa de irregularidades de seu comportamento. O Estatuto traz a possibilidade de superação de práticas punitivas, assistencialistas e opressoras para um paradigma socioeducativo também com a adolescência em conflito com a lei, ao garantir o tratamento protetivo àquelas pessoas em desenvolvimento, na construção de um aparato para dar subsídios ao amadurecer, ao exercício de sua cidadania e participação social.

Para iniciar, apresento uma breve introdução à consideração aos direitos sexuais e reprodutivos, que são direitos humanos e reconhecidos por leis nacionais e internacionais. Os direitos reprodutivos incorporam o direito de cada pessoa decidir se deseja ter filhos ou não, quantos filhos e o momento de tê-los. Os direitos sexuais são relativos a viver a sexualidade de forma livre, independentemente de seu estado civil, sexo, idade ou condição física, e a vivê-los sem violência, sem imposições, em uma relação respeitosa com o próprio corpo e o corpo do parceiro. Tais direitos abrangem viver essa dimensão da vida sem medo, sem discriminações, com direito de escolha de seu parceiro, de expressão livre de sua orientação sexual, de escolher se deseja ter a relação sexual ou não, independentemente da reprodução, com direito ao sexo seguro, aos serviços de saúde, com reserva de sua privacidade, direito à orientação e à educação sexual e reprodutiva[158].

Na Lei n.º 12.594/2012, conhecida como lei do SINASE, que instaura princípios reguladores para o sistema socioeducativo, a visita íntima é garantida como um direito do adolescente em privação de liberdade. A garantia desse direito tem o objetivo de viabilizar o exercício da sexualidade e a vivência de um encontro entre parceiros, com aspectos não somente voltados ao atendimento de demandas na área sexual, mas também aos aspectos afetivos que integram a relação humana. A oportunidade do encontro do/a adolescente com seu/sua parceiro/a inclui a perspectiva da convivência familiar, o estar com alguém de referência afetiva na construção de laços de família e a inter-relação com um representante de seu meio de convivência social e comunitária.

A visita íntima provoca reflexões acerca de outras especificidades em torno da história de vida dos adolescentes, tal como o enfrentamento de violências, vulnerabilidades e desigualdades sociais. Isso remete aos operadores socioeducativos e também a toda a sociedade, não permitindo a reprodução de discriminações ou o impedimento do exercício de seus direitos. As crianças,

---

[158] BRASIL. Ministério da Saúde, Secretaria de Atenção à Saúde, Departamento de Ações Programáticas Estratégicas. **Marco teórico e referencial:** saúde sexual e saúde reprodutiva de adolescentes e jovens. Brasília: Editora do Ministério da Saúde, 2006b.

assim como os adolescentes, estão expostas à violência, à discriminação, ao racismo, ao machismo e a outras intolerâncias. Nas situações de ameaças e violações, a renda (e classe social) é um fator importante, mas não o único. "As questões de raça/etnia, gênero e deficiência, por exemplo, são recortes que demonstram situações críticas de iniquidade", que podem ser ultrapassadas por meio de abordagens específicas e também com uma educação na qual a diversidade é valorizada. Muitas iniquidades históricas e persistentes esperam por ações específicas que, não raro, residem "na mudança de postura daqueles agentes que são, justamente, os responsáveis pela promoção, pela defesa e pelo controle social dos direitos da criança e do adolescente"[159].

Encontra-se em movimento uma nova produção de conhecimentos e práticas que podem contribuir para transformações positivas no âmbito socioeducativo. Para avançar na perspectiva garantista, deverão estar presentes ações produtivas na implantação da visita íntima, articulada com outras práticas institucionais, tais como a construção do Programa de Saúde e Sexualidade. Esse programa – por meio dos profissionais que realizarão as dinâmicas, oficinas, palestras – deverá sempre incluir em sua prática a escuta aos implicados no processo da visitação íntima, sendo seu foco nos aspectos de saúde e sexualidade, o que integrará o processo de desenvolvimento vivenciado pelo adolescente durante a internação.

Explano, inicialmente, acerca da construção jurídica que embasou a garantia desse direito e assinalo, em sequência, uma proposta de sua implantação a partir da organização interna do sistema socioeducativo do Rio de Janeiro. Para viabilizar de forma saudável e orientada essa prática, procurando integrá-la aos aspectos afetivos do encontro entre parceiros, a partir da lógica da convivência familiar, embasada no Plano Nacional de Promoção,

---

[159] UNICEF. **Relatório da situação da infância e adolescência brasileiras.** Diversidade e equidade. Brasília: Unicef, 2003. p. 10-11.

Proteção e Defesa do Direito de Crianças e Adolescentes à Convivência Familiar e Comunitária (PNCFC), apresento os conceitos utilizados relativos à adolescência e à sexualidade.

O início do chamado "sistema global de proteção aos Direitos Humanos" dá-se a partir da Declaração Universal dos Direitos Humanos[160], em que os sujeitos desses direitos incluem todos os seres humanos, independentemente de raça, cor, sexo, nacionalidade, origem social ou outra condição. A Declaração Universal dos Direitos da Criança[161], entre os documentos de referência na direção garantista, apresenta os direitos da criança como sujeito de direito, mas não aborda, especificamente, a situação dos adolescentes em privação de liberdade. A Convenção Internacional de Direitos da Criança, de 1989, é considerado o principal instrumento de proteção integral dos direitos humanos para todas as crianças. A Convenção preocupa-se com a questão da violência e exploração sexual e, no artigo 37, trata das condições da privação de liberdade, mas não trata, especificamente, da questão em foco.

As Regras Mínimas das Nações Unidas para a Administração da Justiça da Infância e da Juventude, chamadas de Regras de Beijing, de 1985, apresentam princípios gerais que se referem a uma política construtiva e preventiva para lidar com o cometimento de atos infracionais por adolescentes, visando à sua proteção social. As Regras foram construídas de maneira que sistemas jurídicos diferentes possam fazer uso delas e determinando formas mínimas a serem consideradas, investindo na possibilidade de evitar a passagem institucional e, principalmente, visando ao seu bem-estar e às oportunidades para seu desenvolvimento.

---

[160] ORGANIZAÇÃO DAS NAÇÕES UNIDAS (ONU). Assembleia Geral das Nações Unidas. Declaração universal dos direitos humanos. Paris, 1948. Disponível em: <http://www.ohchr.org/EN/UDHR/Documents/UDHR_Translations/por.pdf>. Acesso em: 08 nov. 2017.

[161] ONU. **Declaração universal dos direitos da criança**, UNICEF, 1959. Proclamada pela Resolução da Assembleia Geral das Nações Unidas n.º 1386 (XIV), de 20 de Novembro de 1959 e ratificada pelo Brasil; Disponível em: < http://www.crianca.mppr.mp.br/modules/conteudo/conteudo.php?conteudo=1069 >. Acesso em: 03 nov. 2017

Essas Regras referem-se, entre outras determinações, à imprescindibilidade da realização de um estudo atencioso sobre cada caso, antes da decisão judicial, sobre o meio de convivência e circunstâncias de vida do adolescente, sobre as condições existentes no momento em que foi cometido o ato infracional, todas as variáveis em torno de sua história e o trabalho feito na instituição para subsidiar a decisão da autoridade. Aborda também a necessidade da capacitação especial dos funcionários que trabalham nas instituições de internação e ressalta a importância do respeito aos direitos humanos destes e preservação de sua integridade física e mental.

O direito à visita íntima aqui referida está apoiado em declarações, normativas, diretrizes e regulamentos nacionais e internacionais que apontam para a sexualidade e a vivência de afetividade da criança e do adolescente vinculadas aos direitos humanos fundamentais. Nas normativas, encontram-se aspectos importantes na construção de princípios norteadores da ação proposta. Por exemplo, a elaboração e organização do Sistema Único de Saúde[162], com a garantia plena do direito à saúde, tais como, universalização do acesso, equidade e igualdade no atendimento, integralidade nas ações, participação social e descentralização. Tais princípios também provocam o poder público ao investimento no sistema de garantia de direitos (SGD), que articula os direitos individuais e coletivos para aqueles em situação de vulnerabilidade social, para a superação de um quadro de comprometimento de anos de políticas públicas ineficazes ou insuficientes, operando na lógica do menorismo[163]. Piovesan, em torno dessa prioridade, assinala que:

---

[162] BRASIL. Lei n.º 8.080, de 19 de setembro de 1990. Dispõe sobre as condições para a promoção, proteção e recuperação da saúde, a organização e o funcionamento dos serviços correspondentes e dá outras providências. **Diário Oficial da União**. Brasília, DF, 20 set. 1990b.

[163] ZAMORA, M. H.; PEREIRA, I. Adolescente em conflito com a lei e suas famílias. In: JULIÃO, E. F.; VERGÍLIO, S. S. (Org.). **Juventudes, políticas públicas e medidas socioeducativas**. Rio de Janeiro: DEGASE, 2013, p. 147-160.

O processo de afirmação dos direitos humanos tem sido marcado pela invisibilidade dos direitos das crianças e adolescentes. Foi apenas no final da década de 80 que se passou a romper como esta invisibilidade, a partir da concepção de crianças e adolescentes como verdadeiros sujeitos de direito, em peculiar condição de desenvolvimento [...][164].

O investimento no sentido do paradigma da proteção integral, prática da socioeducação, demanda que essa lógica menorista que ainda perpassa a sociedade, apesar dos avanços nas últimas décadas, seja desconstruída, para que políticas públicas efetivas voltadas à infância e juventude tenham espaço produtivo na sociedade, compreendendo que é um campo de garantias que demanda mobilização e conscientização do coletivo para sua afirmação.

Nos anos 90, as políticas vigentes internacionais, diretrizes e leis assinalam uma conexão entre direitos humanos e direitos sexuais e reprodutivos, e o Brasil ratifica tal posição. O Estatuto da Criança e do Adolescente, um dos primeiros frutos da Convenção, surge como resultante de um trabalho coletivo, rompendo com paradigmas e apontando para a prioridade absoluta do lidar com os adolescentes e crianças como sujeito de direitos. Ainda nessa década, é construído um documento fundamental para garantia dos direitos sexuais, é a Conferência Internacional da Organização das Nações Unidas sobre População e Desenvolvimento (CIPD), a "Conferência do Cairo", de 1994. Em seu capítulo VII, apresenta a definição de direitos reprodutivos, dentro de uma proposição de garantia a crianças e adolescentes do pleno exercício de sua sexualidade[165].

---

[164] PIOVESAN, F. Apresentação. In: UNGARETTI, M. A. (Org.). **Criança e adolescente:** direitos, sexualidades e reprodução. São Paulo: Associação Brasileira de Magistrados, Promotores de Justiça e Defensores Públicos da Infância e Juventude – ABMP, 2010, p. 16-18.

[165] UNGARETTI, M. A. Fluxos operacionais sistêmicos: instrumento para aprimoramento do sistema de garantia dos direitos da criança e do adolescente no marco dos direitos humanos. In: _____. (Org.). **Criança e adolescente:** direitos, sexualidades e reprodução. São Paulo: Associação Brasileira de Magistrados, Promotores de Justiça e Defensores Públicos da Infância e Juventude – ABMP, 2010, p. 101-127, p. 112-113.

Na gama de diretrizes e documentos voltados à proteção integral, a Resolução n.º 119/2006, do CONANDA, o projeto de lei que instituiu o Sistema Nacional de Atendimento Socioeducativo (SINASE)[166] foi um documento construído coletivamente para alinhar, a nível municipal, estadual e nacional, as ações voltadas aos adolescentes e a seus familiares no âmbito de medidas determinadas juridicamente. Promulga-se, a partir do projeto, a Lei n.º 12.594, de 18 de janeiro de 2012, que regulamenta a execução das medidas socioeducativas destinadas aos adolescentes que cometeram atos infracionais, seis anos após esse projeto ter apontado diversos eixos a serem revistos e trabalhados para melhorias, tais como: construções arquitetônicas adequadas; atenção e respeito a singularidades e especificidades que possam existir; parâmetros para o atendimento técnico, como a constituição de equipe mínima interdisciplinar; a composição de documentos para o judiciário – a elaboração do Plano Individual de Atendimento (PIA) e o relatório do adolescente, enriquecido com a prática interdisciplinar e realização de estudo de caso; a composição de um fórum nacional, no qual os gestores de todos os estados encontram-se, periodicamente, para abordarem as ações desenvolvidas, contribuindo com outros gestores e repensando o próprio sistema; o espaço de avaliação de políticas públicas existentes e necessárias para atender à demanda da socioeducação e sua missão; entre outros assinalados nesse documento.

Na mesma direção, a partir da Resolução n.º 113/2006 do CONANDA, a ideia de um sistema de garantia de direitos foi consolidada. Sua formação pauta-se na integração e articulação entre diversos órgãos, entidades, programas e serviços destinados ao atendimento de crianças, adolescentes e suas famílias. Apesar do desenvolvimento de ações na formulação de políticas,

---

[166] BRASIL. Secretaria Especial dos Direitos Humanos, Conselho Nacional dos Direitos da Criança e do Adolescente. **Sistema nacional de atendimento socioeducativo SINASE**, Brasília, DF, 2006a.

programas, projetos, entre outros, a ausência de investimentos com a devida prioridade na área da infância e juventude ainda é um problema a ser enfrentado:

> Todavia, se é verdade que o Estado brasileiro tem apresentado políticas, planos, programas e projetos relativos à garantia dos direitos da criança e do adolescente, no que se refere à sua execução, o compromisso com a prioridade à criança e ao adolescente não tem merecido nem a precedência no atendimento nos serviços públicos nem a execução das políticas sociais públicas, nem a destinação privilegiada de recursos[167].

Na consideração à inclusão de políticas públicas direcionadas à saúde sexual e reprodutiva de adolescentes em privação de liberdade, destacam-se aquelas acerca da igualdade de gênero, do respeito à diversidade sexual[168]. Contudo, os obstáculos são muitos, e vários deles situam-se no "campo da gestão".

No panorama da restituição de direitos aos adolescentes privados de liberdade, o direito à visita íntima, nas diretrizes do SINASE, compõe um investimento na formação de pessoas saudáveis e responsáveis e contribui com o fortalecimento do protagonismo juvenil, para o adolescente superar opressões relacionadas ao exercício de sua sexualidade, na expressão de sua demanda de contato afetivo e sexual com seu parceiro. Oliveira, Felix-Silva e Nascimento[169], em pesquisa realizada em unidade de privação de liberdade no sistema socioeducativo do Rio Grande do Norte, assinalam que "outra questão peculiar ao eixo afeti-

---

[167] UNGARETTI, 2010, p. 104.

[168] BRASIL. **Direitos sexuais e reprodutivos de adolescentes e jovens em conflito com a lei:** contribuições para o debate e ações. Coordenação: Maria Helena Franco. São Paulo: ECOS – Comunicação em sexualidade, 2012b.

[169] OLIVEIRA, D. H. D.; FELIX-SILVA, A. V.; NASCIMENTO, M. V. N. Produção de sentidos nas práticas discursivas de adolescentes privados de liberdade. In: PAIVA, I. L.; SOUZA, C.; RODRIGUES, D. B. (Org.). **Justiça juvenil:** teoria e prática no sistema socioeducativo. Natal: EDUFRN, 2014, p. 221-245.

vidade diz respeito às visitas de familiares, namoradas e amigos [...]. Esse é um momento de rever pessoas queridas, conversar sentirem-se valorizados [...]". Apontam, na fala dos adolescentes, a importância da dimensão do afeto:

> As práticas discursivas dos adolescentes, marcadas por lembranças dos relacionamentos afetivos e envolvimentos em namoros, rolos, ficadas, expressam as necessidades de exercício da sexualidade. Este fato é evidenciado quando comentam sobre as mulheres com quem se envolvem, e discutem sobre a importância dos relacionamentos para obtenção e preservação da saúde[170].

A regulamentação da visita está ligada à articulação com outros direitos, tais como o direito à saúde, à educação e ao lazer. Os recursos necessários devem ser viabilizados na rede intersetorial, com garantia de acesso às ações e serviços de forma integralizada, às ações contínuas de educação na área da saúde, como a orientação sexual e reprodutiva, o planejamento familiar, entre outras.

Entre objetivos a serem alcançados, a efetivação desse direito está correlacionada com um investimento preconizado pelo PNCFC, referente ao reconhecimento e garantias para (re)construção de vínculos familiares e afetivos, assim como oportunizar um amadurecimento em torno do compromisso com o exercício da maternidade/paternidade responsável e, na missão socioeducativa, o preparo para o retorno ao exercício de sua cidadania quando em liberdade.

A legislação brasileira traz um avanço significativo na área ao normatizar a visita íntima, definida pela Lei n.º 12.594/2012, de 18 de janeiro de 2012, no Cap. 6, Das Visitas a Adolescente em Cumprimento de Medida de Internação, no artigo 68: "É assegurado ao adolescente casado ou que viva, comprovadamente,

---

[170] Ibidem, p. 237.

em união estável o direito à visita íntima". Na permissão para visita íntima, deverá ser considerada também a atenção à alteração promovida pela Lei n.º 12.015, de 2009, com a constatação de violência, quando se tratar de ato sexual com menor de 14 anos, definido o tipo penal "estupro de vulnerável", com a inclusão do art. 217-A, do Código Penal, "Ter conjunção carnal ou praticar ato libidinoso com menor de quatorze anos – Pena: reclusão de 8 (oito) a 15 (quinze) anos".

Lessa, Lopes e Silva apontam a abordagem inovadora da Lei n.º 12594/12, no que se refere à sexualidade de adolescentes, pois o enfoque da legislação existente abrangia as violações e a violência sofrida, mas não abarcava o direito ao exercício da sexualidade[171]:

> Paralelo ao entendimento dos direitos democráticos a sexualidade como direito garantidor da liberdade de expressão, de práticas e de identidades vinculadas à sexualidade, a igualdade e o respeito à dignidade, tem-se o surgimento do direito ao exercício da visita íntima pelos adolescentes em conflito com a lei como dever estatal nascido com o advento da Lei 12.594/12. Tal lei vem integrar o leque legislativo pátrio de proteção integral dos direitos das crianças e dos adolescentes. Inovadora, porém, frente aos seus pares, pois única a abordar o tema sexualidade, distante do âmbito do abuso contra crianças e adolescentes. Todas normativas legais nacionais de proteção, ao tratar do assunto sexualidade juvenil, tem unicamente por escopo a salvaguarda dos vulneráveis contra abusos sexuais[172].

Também existem posições contrárias a esse direito, tal como sustenta Morais, por exemplo, que encontra ressonância

---

[171] LESSA, A.; LOPES, E. R.; SILVA, M. T. A. Visita íntima no DEGASE: o exercício de um direito. In: **Juventude, educação e direitos humanos**. Rio de Janeiro: DEGASE, 2015.
[172] Ibidem, p. 4.

em muitas representações da sociedade, nas críticas a essa possibilidade[173]. Morais questiona as inovações trazidas pela Lei do SINASE, entre elas, a visita íntima:

> Se o Estado deve proteger o adolescente e assegurar seus direitos em face de sua condição peculiar de pessoa em desenvolvimento, como justificar a legalização daquilo que vai de encontro ao que o ECA assegura? [...] Ainda que o mesmo afirme conviver em união estável, é inaceitável a ideia de que um adolescente tenha discernimento suficiente para optar por constituir uma família. Neste sentido, cabe aos pais, responsáveis legais detentores do poder familiar, o dever de coibir tais possibilidades [...] Não se pode admitir que sob a tutela do poder estatal, um adolescente tenha sua dignidade sexual abalada, pois esta é garantida e protegida constitucionalmente.
>
> A visita íntima na medida de internação não pode ser permitida, em face da afronta direta ao princípio da proteção integral. É dever do Estado e da sociedade buscar as devidas providências para que esse benefício tenha fim. [...] Agora, cabe à comunidade entender que seus filhos são vulneráveis a influência dos que lhes rodeiam, pois ainda estão desenvolvendo sua maturidade. A sociedade deve perceber a prejudicialidade da visita íntima na medida de internação e apoiar a proposta de reforma legal que revoga esse direito, considerado por muitos, muito mais lesivo que benéfico[174].

Falar de sexualidade do adolescente em privação de liberdade é falar de uma vivência transversalizada por direitos humanos – direitos da infância e adolescência, da saúde sexual, da reprodução. Apontar as normativas em torno da questão abrange múltiplas áreas disciplinares; podem-se encontrar, advindas de

---

[173] MORAIS, C. Visita íntima na medida de internação: direito do adolescente infrator. **Revista Jus Navigandi**, Teresina, a. 19, n. 4.182, dez. 2014.

[174] Ibidem, p. 1-4.

diversos setores, contribuições que levaram a uma legislação sobre a questão. Contudo, Piovesan sublinha, na apresentação do livro "Criança e adolescente: direitos, sexualidades e reprodução", que:

> [...] o efetivo exercício dos direitos sexuais e reprodutivos demanda políticas públicas, que assegurem a saúde sexual e reprodutiva. Nesta ótica, essencial é o direito ao acesso a informações, a meios e recursos seguros, disponíveis e acessíveis. Essencial também é o direito ao mais elevado padrão de saúde reprodutiva e sexual, tendo em vista a saúde não como mera ausência de enfermidades e doenças, mas como a capacidade de desfrutar de uma vida sexual segura e satisfatória e de reproduzir-se ou não, quando e segundo a frequência almejada. Inclui-se ainda o direito ao acesso ao progresso científico e o direito à educação sexual. Portanto, clama-se aqui pela interferência do Estado, no sentido de que implemente políticas públicas garantidoras do direito à saúde sexual e reprodutiva[175].

Dentro dessa perspectiva, do exercício dos direitos sexuais e reprodutivos, proporcionando a saúde sexual e reprodutiva aos adolescentes e a seus parceiros, o GT interno, organizado para elaborar a proposta do Programa de Saúde e Sexualidade, desenvolveu ações voltadas a orientações e conscientizações na área, abrangendo conteúdos acerca de organização e convivência familiar e comunitária, sobre os quais introduzirei alguns aspectos a seguir.

5.2 | Programa de Saúde e Sexualidade: alguns elementos para a sua construção

O Programa de Saúde e Sexualidade, proposição advinda do Grupo de Trabalho Visita Íntima do Degase (grupo interdisciplinar

---

[175] PIOVESAN, 2010, p. 17.

que desenvolveu a proposta para sua implantação no sistema socioeducativo), foi construído por um GT interno, com a participação de um grupo de profissionais que desenvolveu as propostas do programa para que ele ofereça aos adolescentes, familiares e servidores orientações e encaminhamentos necessários para o exercício saudável da sexualidade dos adolescentes em situação de privação de liberdade.

Esse programa tem como proposta incluir ações sistemáticas na área da saúde, atendendo também à Portaria n.º 1.082/2014 (PNAISARI), que define novas diretrizes da Política Nacional de Atenção Integral à Saúde de Adolescentes em Conflito com a Lei, em Regime de Internação e Internação Provisória, e prima por ações de prevenção e promoção focadas na integralidade da saúde de adolescentes, incluindo a área sexual e reprodutiva e a prevenção de doenças sexualmente transmissíveis, por meio de medidas protetivas, como a distribuição de preservativos, vacinação, acompanhamento do pré--natal e serviço para o parto das adolescentes gestantes, assim como o direito à amamentação no período de aleitamento materno, enquanto estiver a mãe adolescente em regime de privação de liberdade, entre outras.

Serão realizadas atividades com equipes interdisciplinares, que incluirão grupos de reflexão, de orientação, palestras, oficinas, desenvolvimento de ações intersetoriais, articulação contínua com a rede de atendimento (SGD). Os adolescentes candidatos à visita deverão participar do "Programa Visita Afetiva", que inclui uma comissão interdisciplinar de avaliação para autorização das visitas, e do Programa de Saúde e Sexualidade, que traz ações de orientação, aconselhamento e planejamento sobre sexualidade e afetividade.

Serão trabalhadas temáticas em torno de função parental, ser pai/ser mãe, responsabilidades, direitos e deveres, planejamento familiar, valores e crenças, cuidados necessários com o próprio corpo e do parceiro, como lidar com a sexualidade, questões relativas ao gênero, superação de discriminações étnicas, entre outras. O desenvolvimento individual de cada parceiro, na construção de seu projeto de vida, o momento da interação inicial, do enamoramento, da relação tornando-se mais comprometida e a decisão de formar um vínculo afetivo com responsabilidade e respeito mútuo são pontos a serem fortalecidos, considerando que:

> Os estudos da infância vêm mostrando a construção de uma nova infância. Sujeitos sociais ativos, com autonomia e criatividade, liberados do adultocentrismo, senhores de si mesmo, de sua história, modificando seu campo de viver, construindo uma nova cultura infantil e infantojuvenil, sujeitos de experimentação, de intencionalidade, de produção de saberes, valores, conhecimentos. [...] O fio que articula os textos é como o corpo-infância é vivenciado na diversidade de sujeitos situados em contextos históricos marcados pelas desigualdades sociais (de classe) e diversidades de espaços, de relações sociais, étnicas, raciais, de geração, de gênero[176].

As falas dos adolescentes, de seus familiares e da equipe atuante podem conter analisadores dos pontos que precisam ser superados no funcionamento institucional. Segundo o referencial teórico da Análise Institucional, é essencial a compreensão do que se conhece por analisador, no caso, em torno da temática tratada. Baremblitt aponta que

> um analisador não é apenas um fenômeno cuja função específica é exprimir, manifestar, declarar, evidenciar, denunciar. Ele mesmo contém os elementos para compreender a si mesmo, ou seja, para começar o processo de seu próprio esclarecimento"[177].

---

[176] ARROYO, M. G.; SILVA, M. R. (Org.). **Corpo infância**: exercícios tensos de ser criança, por outras pedagogias dos corpos. Petrópolis: Vozes, 2012.

[177] BAREMBLITT, 2002, p. 63.

Lourau complementa e evidencia a importância de sua análise para compreensão das relações que se dão no campo: "[analisadores] são acontecimentos ou fenômenos reveladores e ao mesmo tempo catalisadores; produtos de uma situação que agem sobre ela"[178]. A compreensão e a contextualização dos analisadores podem viabilizar um retorno produtivo ao campo, por meio do reconhecimento de demandas que se apresentam como necessárias.

Como exemplo, para ilustrar, algumas falas serão citadas abaixo, algumas mais críticas, que escuto em encontros, reuniões, grupos, palestras, acerca do direito de a VI ser implantada no sistema:

De uma mãe: – Por mim tudo bem! Mas, eu não vou permitir minha filha receber ninguém, pois é uma menina, se fosse homem tudo bem...

De um pai: – Fico preocupado com quem poderá vir na visita, às vezes tem envolvimento com coisas erradas lá fora...

De um funcionário: – O que?! Visita íntima? A gente vai ficar fazendo o que? Tomando conta na hora em que estiverem transando?

Outro funcionário: – Adolescente vai ter visita íntima? Só faltava essa!

De adolescente do sexo masculino: – Vou pedir autorização para minha reserva vir, porque a titular não quero que entre aqui não!

De outro adolescente: – Mas todos poderão receber, até mesmo homem com homem? Ah, não! Isso não!

De uma adolescente – Ah, meu Deus! Que coisa boa! Vai deixar a gente mais calma!!

Outra adolescente: – Eu aqui estou homossexual porque não tem como ficar com homem, mas se eu puder ter a visita do meu parceiro vai ser legal!

---

[178] LOURAU, 2004, p. 132.

Muitas falas apontam para a necessidade de questões específicas serem trabalhadas em torno da sexualidade, seja com adolescentes, familiares ou funcionários. Importante abordar as questões acerca de preconceitos, repressões, falta de entendimento da importância do vínculo afetivo, a nível individual e familiar, dificuldades dialógicas, entre outras possibilidades de intervenção. Tais intervenções poderão fortalecer a superação de conflitos, o amadurecimento para novas escolhas, novos projetos de vida, por exemplo, a partir do processo socioeducativo do adolescente. Deve-se também considerar a necessidade do trabalho de sensibilização e preparo com os funcionários do sistema, na direção de superar as resistências e as dificuldades existentes em torno do tema e das ações que serão desenvolvidas quando o Programa Visita Afetiva for implantado. Essas abordagens estão entre diversos apontamentos que poderão ser apresentados e mais aprofundados em outra oportunidade, a partir do processo de implantação da visita íntima.

As ações de formação para os servidores na área de saúde e sexualidade são também parte da proposta do programa, estarão incluídas na programação e serão desenvolvidas na Escola de Gestão Socioeducativa Paulo Freire, com as diretrizes e temáticas dentro dos objetivos do programa, assim como poderão ser feitas capacitações pela rede externa de saúde.

Pautado em estudos feitos acerca da privação familiar e das instituições de privação de liberdade, que assinalam que a privação do ambiente familiar e social traz prejuízos para aqueles submetidos a ela, o SINASE[179] sublinha a importância da realização de mudanças necessárias no sistema socioeducativo em relação ao isolamento e afastamento do convívio familiar e comunitário. Na direção de preservar tais vínculos de vital importância para o desenvolvimento psicossocial, define como uma das dire-

---

[179] BRASIL, 2006a, p. 51.

trizes a participação ativa da família e da comunidade, inclusive na política socioeducativa, garantindo, para adolescentes em internação, o direito às visitas familiares e íntimas[180].

É importante assinalar o que Mattar apontou, em seu artigo "Exercício da sexualidade por adolescentes em ambientes de privação de liberdade", acerca da já implantada visita íntima em alguns estados do Nordeste, bem antes de a legislação defini-la como um direito a nível nacional, e do ponto de vista sobre a visita pelos próprios adolescentes, assim como as possibilidades de contribuição:

> A participação dos jovens na elaboração de políticas públicas que os têm como público-alvo faz com que ela seja mais adequada e, portanto, apresente resultados mais eficazes. Isto porque os problemas serão tratados a partir da própria interpretação de quem os vive. Ao valorizar a sua participação, o formulador da política pública está dando espaço ao protagonismo juvenil, como determina no plano internacional a Convenção sobre os Direitos da Criança e no plano doméstico o Estatuto da Criança e do Adolescente[181].

Complementando o acima exposto, dos objetivos específicos do Programa de Saúde e Sexualidade, cito, resumidamente, alguns: a promoção de ações focadas no exercício saudável da sexualidade e prevenção da saúde física e mental; a orientação acerca de direitos e deveres relacionados à visita afetiva e à rotina nas unidades socioeducativas; a realização de debates e reflexões sobre adolescência, sexualidade, paternidade/maternidade, autonomia, responsabilidade e afetividade, entre outros, em forma de oficinas; as transformações fisiológicas da adolescência e outros assuntos relacionados à sexualidade; orientações

---

[180] BRASIL, 2012a.

[181] MATTAR, L. D. Exercício da sexualidade por adolescentes em ambientes de privação de liberdade. **Cad. Pesqui.**, São Paulo, v. 38, n. 133, p. 61-95, abr. 2008.

acerca de doenças sexualmente transmissíveis e sobre gravidez na adolescência, sobre os métodos contraceptivos; abertura de espaço para diálogos com os socioeducadores e adolescentes para abordar os desafios encontrados na realização da visita íntima; a capacitação de profissionais no cuidado e na promoção dos direitos sexuais e reprodutivos, respeitando as diferenças de gêneros e os diversos arranjos familiares; incentivo às ações específicas junto à rede nesse eixo de saúde sexual e reprodutiva; investimento na intersetorialidade dos serviços, programas e ações de prevenção e promoção da saúde; articulação com as unidades básicas de saúde e/ou com as estratégias de saúde da família; fortalecimento de ações da PNASAIRI do eixo de saúde e sexualidade no Degase[182].

O trabalho a ser desenvolvido pelo Programa de Saúde e Sexualidade considera as diretrizes do Ministério da Saúde e sublinha também a responsabilidade a ser compartilhada por diversos setores e instâncias da sociedade, articuladas com políticas públicas da infância e juventude que devem estar envolvidas. É importante a articulação e a realização de parcerias com a rede de apoio, em que esta considere as peculiaridades, vulnerabilidades e necessidades de adolescentes. As propostas devem estar intersetorialmente conectadas, entre representações da saúde, educação e lazer, com foco na socioeducação, sendo imprescindível a adesão dos múltiplos setores internos dos sistemas socioeducativos, saúde, educação, com a participação de professores agentes, profissionais de todas as áreas, técnicos e todos que tenham relação com os objetivos do programa e com o alcance de bons resultados.

A seguir, apresento como se desenvolveu o Grupo de Trabalho voltado à construção da proposta da implantação da visita íntima no Rio de Janeiro, articulada com a proposta de

---

[182] BRASIL. Secretaria de Educação do Estado do Rio de Janeiro, Departamento Geral de Ações Socioeducativas. **Proposta do Grupo de Trabalho para implantação do Programa de Saúde e Sexualidade**. DEGASE, Documento Interno. 2015b.

alinhar tal ação tanto a nível interno como junto a outras representações e instituições interligadas com o sistema socioeducativo.

5.3 | O Grupo de Trabalho: construção interdisciplinar, interinstitucional e intersetorial

Iniciarei abordando o processo da construção do Grupo de Trabalho para implantação da visita íntima. A direção geral considerou a participação interdisciplinar e interinstitucional de profissionais no grupo como importante para essa construção. Em 2012, foram iniciados os encontros do GT Visita Íntima, oficialmente instituído

> Grupo de Trabalho para elaboração de proposta de regulamentação do art. 68 da Lei n.º 12.594 (SINASE), que assegura ao adolescente em cumprimento de medida socioeducativa de internação o direito à visita íntima,

com a presença dos participantes que saíram nomeados na Portaria 129, de 06 de julho de 2012, no Diário Oficial do Estado do Rio de Janeiro, publicado em 11 de julho de 2012, somando-se suplentes e consultores ao grupo, promovendo um intercâmbio de saberes e experiência muito produtivo.

Sublinho a presença de interdisciplinaridade na composição do grupo de profissionais, tanto do Degase como de outras instituições, assim como de intersetorialidade, com a participação de representantes de diferentes setores do Sistema de Garantia de Direitos, tais como: do Tribunal de Justiça; da Secretaria de Estado de Assistência Social e Direitos Humanos; do Conselho Estadual de Defesa da Criança e Adolescente do Rio de Janeiro; da Coordenadoria de Defesa de Direitos da Criança e do Adolescente; e da Secretaria Estadual de Saúde.

Toda essa construção interdisciplinar direcionou suas discussões para a possibilidade de refletir de forma mais ampla sobre a proposta, incluindo pensar sobre como se pode dar uma organização que abra espaço para o exercício da sexualidade, contemplando seus aspectos diversos.

5.3.1 | O GT para elaborar a implantação da visita íntima: uma construção coletiva

O grupo começou delineando suas normas de funcionamento, eixo de sua construção interdisciplinar e interinstitucional, abrangendo a indicação de suplentes com aceitação do grupo, a forma de votação, o planejamento das reuniões de trabalho e definição de alguns focos de interesse na proposta do grupo para seu desenvolvimento, tais como pesquisas afins, visitações a espaços para futura implantação do direito, compartilhamento entre os participantes de material de interesse para o trabalho em foco, viabilidade de comunicação entre todos os membros e circulação de informações. Estabeleceu-se um pacto intersetorial dentro das regras de funcionamento do GT, todas as decisões foram coletivas e definidas por votação, com registro em ata - as reuniões, os debates e as deliberações.

Os participantes demonstraram seu envolvimento com a temática, promovendo encontros e debates que aqueceram reflexões de operadores do direito e socioeducadores, desejosos de trazer contribuições à missão a ser realizada na garantia desse direito dentro do campo socioeducativo, abarcando o pensar na interação com o social, nas suas diversas formas de expressão, em torno das questões que envolvem adolescentes em conflito com a lei. A coordenação do GT assinalou a importância do compromisso de cada um na missão, para que se realize o efetivo exercício do direito à visita íntima pelos adolescentes em privação de liberdade, em medida socioeducativa de internação, no Estado do Rio de Janeiro.

Os componentes do grupo desenvolveram, no transcorrer do trabalho, uma produção coletiva que aponta para um processo diferenciado de uma elaboração pura e simples de um documento, mas sim um resultante do acontecer de reflexões e discussões, voltadas a tornar realidade o direito do exercício da sexualidade e afetividade por pessoas em desenvolvimento, em processo socioeducativo, privadas de liberdade. A função de cada participante foi pensada e discutida. Foi definida estando todos implicados na tarefa de normatizar o direito para sua implantação. O grupo decidiu sobre a indicação de consultores externos, contribuindo com a *expertise* de cada área, na construção do documento. Os suplentes designados exerceram as funções do titular da coordenação em caso de impedimento deste.

O presidente do GT tem sob sua responsabilidade: a organização e a direção dos encontros; o apontamento de eventos que estimulem o debate para construção do documento; a promoção das ações de interlocução entre o GT e os órgãos que compõem o sistema de garantia integral dos direitos dos adolescentes em conflito com a lei; o estímulo às ações de interlocução entre as coordenações e as consultorias externas; e a garantia do cumprimento do cronograma pactuado pelos integrantes e a divulgação de qualquer alteração.

As coordenações que integraram o GT trouxeram contribuições de diferentes perspectivas: Direitos Humanos, Pedagogia, Psicologia, Serviço Social, Socioeducação e Direito. O entrelaçar de diferentes saberes compôs de forma produtiva a proposta do grupo e encaminhou para resultados voltados à normatização necessária à implantação da visita íntima no Rio de Janeiro. Essa questão, afinal, exige e promove a interdisciplinaridade e uma gestão a um só tempo atenta aos princípios e normativas do SINASE e flexível o suficiente para acolher e operacionalizar novas ideias.

Dois subgrupos formaram-se para o desenvolvimento do trabalho, com ações de pesquisa e estudo para cada núcleo e com reuniões para produção do material: o Núcleo Jurídico e o Núcleo Temas Diversos, em que o primeiro ficou voltado ao desenvolvimento dos aspectos legais em torno da implantação (idade mínima, comprovação da união estável, autorização dos pais, participação do judiciário, entre outros) e o segundo voltou-se a temas diversos, ficando comprometido com temáticas relativas à visita íntima, como os conceitos de adolescência, família e sexualidade, as inter-relações entre os vínculos de significação do adolescente em seu meio comunitário e familiar, assim como a relação com a sociedade em seu âmbito mais ampliado. Foi estabelecido que, no transcorrer do desenvolvimento de cada núcleo, seriam feitos encontros de todos os participantes para apresentação dos avanços, discussões e alterações necessárias no material produzido.

Pode-se avaliar a proposta dentro de uma perspectiva interdisciplinar, interinstitucional e intersetorial, o que aponta para um avanço no sistema socioeducativo, em investir na desconstrução de uma suposta completude institucional e abrir interação com outros órgãos e representações, na direção de suplantar o fantasma da instituição total que ainda assombra sistemas socioeducativos por todo o país.

Considerando essa abertura, uma visita institucional às unidades foi planejada e realizada com os participantes de outros órgãos, para reconhecimento do território e para contato com a realidade do sistema e suas unidades, a parte física, os fluxos, os procedimentos, os encaminhamentos realizados, entre outras ações, proporcionando uma interação entre os diferentes setores, com seus olhares e visualizações de espaços poucos conhecidos e vistos, em geral.

Os saberes, das diferentes áreas de atuação e formação, dos participantes do GT, foram se apresentando no processo grupal, de forma interdisciplinar. Conhecimentos úteis eram apresentados ao coletivo, com indicações de consulta às publicações existentes e retorno produtivo de participações em eventos científicos, assim como relatos e escritos de elaboração de políticas públicas já implantadas a nível nacional, estadual e municipal. Outras contribuições também foram trazidas ao grupo como informações acerca de novas ações em socioeducação promovidas por outros estados, acontecimentos em torno de nossa temática central, a implantação da visita íntima com seus aspectos legais e sociais em torno do exercício da sexualidade de adolescentes em privação de liberdade.

Diversas especificidades foram aprofundadas acerca do tema da visita íntima e sua organização prévia, objetivando a tomada de decisões acerca dos critérios para a liberação da visita, tanto para o adolescente a ser visitado quanto para seu visitante. Critérios foram definidos tais como comprovação de união estável, idade mínima, autorização dos pais, participação do judiciário, e o espaço do encontro íntimo. Foram discutidas a relevância da convivência familiar e os aspectos afetivos das interações, a garantia do direito a todos, sem discriminação de qualquer espécie, assim como a importância de trabalhar a superação de preconceitos relativos à diversidade sexual e à importância de orientações acerca de saúde e sexualidade. A questão em torno da formação de socioeducadores também foi abordada, acerca da capacitação e do preparo para lidar com a implantação desse direito, de como será a inserção dentro de uma rotina numa unidade socioeducativa de privação de liberdade e como se dará o planejamento e a organização para tal ação.

Realizamos, eu e o coordenador do GT, uma visita em outro estado, na Bahia, em Feira de Santana, para conhecer o espaço físico destinado à visitação, ao encontro do casal. Foram construídos dois módulos, cada um com uma pequena saleta, quarto e banheiro, bem distribuídos, com certa distância do núcleo maior da unidade, com preservação da intimidade do casal, ficando evidenciado que o encontro íntimo construído tem espaço para o exercício da sexualidade e para o encontro afetivo do casal.

Na proposta de implantação no Rio de Janeiro, houve um investimento positivo nessa perspectiva, de que a construção do espaço reservado ao encontro do casal deve promover, no exercício da sexualidade desses adolescentes, um encontro que proporciona o ato sexual, o encontro afetivo entre os pares e a relação com o pertencimento ao núcleo familiar e ao meio social. Na linha de organização para essa implantação, sublinhou-se a garantia de desenvolver-se um programa de saúde e sexualidade, com oficinas e dinâmicas para adolescentes, parceiros, familiares e servidores, com um enfoque que viabiliza orientações necessárias na área, relativas à prevenção e manutenção da saúde física e sexual, assim como planejamento familiar.[183]

O Grupo de Trabalho nomeou a proposta de Programa Visita Afetiva, que comporta o já citado programa de saúde e sexualidade, com participação das equipes técnicas em suas ações, somadas a uma Comissão Técnica Interdisciplinar, com profissionais da área jurídica, da saúde, do serviço social e da psicologia, sendo aquela que assessora o processo de avaliação para liberação da visita íntima, a qual deverá ser concedida aos que preencherem os requisitos, sem distinção de identidade de gênero e condição sexual.

Outro item importante que será considerado é qual o significado da visita íntima para o/a adolescente, em que contribui em suas relações socioafetivas, em seu amadurecimento, e no que refere-se a seu desenvolvimento no processo socioeducativo poderá integrar seu Plano Individual de Atendimento (PIA) e seu relatório. O Plano Individual de Atendimento, determinado pela Lei n.º 12.594, de 18 de janeiro de 2012, em seu capítulo IV, é

---

[183] cf. p. 161 - 167.

um "instrumento de previsão, registro e gestão das atividades a serem desenvolvidas com o adolescente" (Art. 52). A responsabilidade pela elaboração do documento é da equipe técnica de referência no acompanhamento do adolescente, sendo parte essencial do processo de sua elaboração a participação do próprio adolescente, assim como de seus responsáveis, acompanhando sua construção e participando do processo do estudo de caso.

O PIA começa a ser construído a partir da chegada do adolescente no programa de atendimento, juntamente ao adolescente e à sua família, por meio dos atendimentos técnicos. O plano desenvolve-se nas áreas jurídica, de saúde, psicologia, pedagogia e serviço social. São trabalhadas e avaliadas as dificuldades, necessidades e potencialidades, os avanços e retrocessos, as questões relativas às interações sociais, familiares e comunitárias, os aspectos dificultadores e facilitadores da inclusão social, as metas relativas à escolarização e profissionalização, cultura, lazer e esporte, oficinas e autocuidado. Também deverá estar sendo acompanhada a saúde física e mental, com avaliação e tratamento, e, na parte judicial, o encaminhamento proposto no que se refere à situação processual e às providências necessárias.

O estudo de caso, parte integrante da elaboração desse plano, deverá oportunizar que sejam trabalhadas as informações que abrangem seu contexto sociofamiliar de origem, as circunstâncias da prática do ato infracional, suas aptidões, habilidades, interesses e motivações, características pessoais e condições para resolução dos problemas enfrentados:

> O foco do estudo de caso é o próprio adolescente, a sua história, as suas características, os afetos e desafetos, os encontros e os desencontros, as rivalidades, os envolvimentos na prática de atos infracionais que marcaram sua vida. Todos esses aspectos se constituem no ponto de partida e no ponto de chegada de todas as

ações socioeducativas. De acordo com o artigo 94 do Estatuto da Criança e do Adolescente[184].

Por meio do estudo de caso, as técnicas e intervenções serão discutidas e definidas pela equipe de referência, preservadas a autonomia e a ética profissional de cada participante e, certamente, as singularidades de cada adolescente, dentro das diretrizes da política de atendimento ao adolescente em conflito com a lei. Tem grande importância o protagonismo do adolescente em sua história, sendo um agente ativo na escolha de seus objetivos, e a equipe contribui nesse processo, refletindo e trabalhando questões junto a ele. A elaboração do PIA caracteriza-se por desenvolver um compartilhamento de informações do processo socioeducativo, do acompanhamento, de reflexão e discussão acerca do conhecimento sobre a compreensão do socioeducando, não somente relativa ao seu contexto familiar e social, mas incluindo a comunidade socioeducativa, em que o próprio adolescente irá refletir junto à equipe e sua família, para pensar acerca do que está sendo abordado e avaliar onde irá investir para alcançar transformações necessárias. O plano deve ser atualizado todo tempo, pois está relacionado com um processo dinâmico e contínuo do caminhar do adolescente em seu cumprimento de MSE e seu desenvolvimento psicopedagógico e social.

O desenvolvimento no processo socioeducativo do adolescente deve ser acompanhado sistematicamente, levando-o a poder entender em que ponto está e em qual deseja e pode chegar, sendo o registro de suas mudanças inserido no PIA, pois os obstáculos encontrados e os progressos obtidos direcionarão a pactuação de novas metas. Em todo o desenvolvimento do PIA,

---

[184] BRASIL. Secretaria de Educação do Estado do Rio de Janeiro, Departamento Geral de Ações Socioeducativas. **Portaria Degase n.º 154, de 04 de novembro de 2013**. Dispõe sobre a instituição das diretrizes gerais de implantação do Plano Individual de Atendimento – PIA do adolescente em cumprimento de medida socioeducativa no DEGASE, as quais visam orientar as equipes de trabalho do sistema socioeducativo do Estado do Rio de Janeiro. Rio de Janeiro, nov. 2013b.

é essencial que a equipe continue um trabalho de intercâmbio e interação entre as informações acerca do desenvolvimento do processo socioeducativo do adolescente, sempre interagindo com ele e com sua família.

Voltando ao GT Visita Afetiva, os trabalhos foram concluídos no segundo semestre de 2013, e, para a sequência das ações, ficou a proposta da elaboração, também por composição interdisciplinar, do programa de saúde e sexualidade para implantação do Programa Visita Afetiva.

> Observamos que as ações socioeducativas pautadas nas diretrizes do SINASE (BRASIL, 2012) têm contribuído para transformações produtivas na atenção aos adolescentes em conflito com a lei, apontando para a superação de um paradigma ultrapassado, correcional e opressivo para um paradigma da socioeducação, construtivo e libertário, promotor de desenvolvimento e amadurecimento dos adolescentes e seus familiares, também na direção do reconhecimento e exercício de sua cidadania. Consideramos também que a construção coletiva, interdisciplinar, interinstitucional, e intersetorial promove uma integração de saberes e conhecimentos, assim como trabalha a co-responsabilidade de todos os implicados (ou que deveriam estar) nas ações que devem ser desenvolvidas e articuladas com as políticas públicas existentes ou necessárias[185].

Apresento, acima, o processo desenvolvido pelo Grupo de Trabalho ao organizar a normativa para implantação do direito e construir uma produção coletiva, interdisciplinar, ao trabalhar com a proposta de uma nova ação no espaço socioeducativo, uma ação instituinte. Forças instituintes, como mencionado no capítulo três, são apontadas como forças viabilizadoras de

---

[185] SILVA, M. T. A.; ZAMORA, M. H. Visita íntima no sistema socioeducativo do Rio de Janeiro: uma construção interdisciplinar. **Revista Brasileira Adolescência e Conflitualidade**, v. 11, p. 1-13, 2014, p. 12.

produção de novas lógicas[186]. Observo que a proposta desse GT, voltado a efetivar uma garantia do direito à visita íntima no sistema socioeducativo, trazendo, para tal, uma proposta de um programa de saúde e sexualidade, assinala uma renovação na prática e vivência socioeducativa e aponta para a importância da transdisciplinaridade nas ações socioeducativas, no reconhecimento da diversidade de saberes e conhecimento e do encontro destes em prol de objetivos comuns[187]. Tal construção transdisciplinar demanda espaço para criação:

> É importante considerar que, mesmo reconhecendo o caráter sutil da natureza transdisciplinar e a frágil importância atribuída ao seu exercício, será necessária a formação de uma outra cultura profissional, intelectual e educacional que contemple uma qualificação diversificada, que permita gradativamente abolir as distâncias culturais e tenha como eixo a reaproximação dos homens de si mesmos, uns dos outros e da natureza[188].

A seguir, apresento alguns conceitos sobre adolescência e sexualidade, a fim de contribuir no sentido de repensar as práticas institucionais, com o reconhecimento da condição do adolescente como sujeito em desenvolvimento, sendo tal compreensão importante para o processo da implantação da visita íntima e sua articulação no trabalho com as famílias.

5.4 | Indagando nosso conceito de adolescência e sexualidade

A adolescência demanda compreensão de sua significação, não só no que tange ao próprio indivíduo, mas também às articu-

---

[186] BAREMBLITT, 2002.

[187] SILVA; ZAMORA, 2014, p. 5-6.

[188] RODRIGUES, M. L. Caminhos da transdisciplinaridade. **Revista Serviço Social e Sociedade**, São Paulo, n. 64, a. XXI, nov. 2000.

lações com os aspectos sociais, políticos, econômicos, culturais e tudo o que atravessa sua existência e constituição. No trabalho socioeducativo, devem ser levados em consideração os aspectos existentes nas interações familiares e sociais, assim como as singularidades de sua fase de vida.

Souza[189] articula o conceito da infância e da adolescência em suas inter-relações com a história sociocultural e política, assim como sublinha o cuidado às abordagens dentro de quais recortes desenvolvem-se, sendo necessário compreender esses sujeitos de direitos em suas especificidades, em seu ciclo vital. A autora assinala que, na contemporaneidade, "no confronto com as expectativas e demandas do mundo dos adultos" acontece um embate no qual se configura uma assimetria a que são submetidas as crianças e os adolescentes, como se fossem inferiores, sendo assim necessário o questionamento à esta discriminação e a garantia do direito às diferenças existentes[190].

Existe uma noção acerca da adolescência que se apresenta vinculada a uma lógica desenvolvimentista, constituindo-se numa etapa obrigatória do desenvolvimento, com etapas e vivências similares para todas as pessoas. Coimbra, Bocco e Nascimento[191] questionam a atual noção de adolescência, em que a figura do adolescente é associada a um estilo de vida "a ser consumido pelo resto do mundo", como se existisse uma única maneira de reconhecer a adolescência, desconhecendo as singularidades de cada jovem, sua história pessoal, seu pertencimento social. Para as autoras, o desenvolvimento acontece em um processo de construção, sendo, a cada momento, uma experiência única para cada

---

[189] SOUZA, S. J. Criança e adolescente: construção histórica e social nas concepções de proteção, direitos e participação. In: UNGARETTI, M. A. (Org.). **Criança e adolescente:** direitos, sexualidades e reprodução. São Paulo: Associação Brasileira de Magistrados, Promotores de Justiça e Defensores Públicos da Infância e Juventude – ABMP, 2010, p. 87-100, p. 88.

[190] Ibidem, p. 94.

[191] COIMBRA, C. C.; BOCCO, F.; NASCIMENTO, M. L. Subvertendo o conceito de adolescência. **Arquivos Brasileiros de Psicologia,** v. 57, n. 1, p. 2-11, 2005, p. 4.

sujeito, sem modelos predeterminados, em que, continuamente, acontece esse construir dos sujeitos.

Assim como a família e a adolescência, a sexualidade humana também pode ser vista como uma construção histórica, cultural e social. Ela deve ser compreendida dentro de sua dimensão fundamental em todas as etapas da vida dos indivíduos, abarcando "práticas e desejos relacionados à satisfação, à afetividade, ao prazer, aos sentimentos, ao exercício da liberdade e à saúde"[192]. Sabemos também que a sexualidade tem sido reprimida e atravessada por preconceitos, tabus, interdições e perpassada pelas relações de poder, no controle dos corpos, na sujeição a normas excludentes de formas de expressão singulares. A vivência sexual na adolescência traz uma dimensão de novas descobertas de si e do outro, de novas sensações e experiências, e também se relaciona com a capacidade de amadurecimento de escolhas, decisões e construção da autonomia. Porém, nas práticas sociais, os adolescentes não têm um reconhecimento de sua dimensão como "pessoa sexuada, livre e autônoma", o que os leva a situações de vulnerabilidade, tanto no plano pessoal como no social e institucional, no enfrentamento de interdições[193].

Muitas transformações vêm acontecendo, nas últimas décadas, na sociedade, e a vida sexual de meninos e meninas tem iniciado cada vez mais cedo, o que aponta para uma mudança do padrão de comportamento social e sexual. Essa vivência ocorre em condições desiguais por adolescentes e jovens, e tais desigualdades – como as de gênero, as que acontecem entre distintas condições socioeconômicas e culturais, as relativas à raça/cor, as relações de poder entre gerações e as discriminações pela orientação sexual – afetam as diferentes dimensões de sua vida social.

---

[192] BRASIL, 2006c, p. 13.

[193] BRASIL. Ministério da Saúde, Secretaria de Atenção à Saúde, Departamento de Ações Programáticas Estratégicas. **Marco teórico e referencial:** saúde sexual e saúde reprodutiva de adolescentes e jovens. Brasília: Editora do Ministério da Saúde, 2006b. p. 14.

Estes são aspectos que demandam atenção. Apesar da constatação dessas questões, que podem trazer agravos à saúde e sofrimento psíquico, ainda é precária a produção de informações e estudos qualitativos sobre a vida sexual e reprodutiva dessa população de jovens[194]. Castro, Ribeiro e Busson assinalam que:

> [...] a problemática maior não está tanto na falta de normas reguladoras do assunto, mas em como encarar as novas formas de sexualidade na juventude. É indispensável que os atuais e futuros juristas interpretem a norma através de uma nova perspectiva, vendo a infância, a adolescência e a juventude de forma inovadora, formadas por novos princípios, ideais e comportamentos. É também de suma importância que a legislação vigente seja ampliada no sentido de abarcar essa nova realidade. Não pretendemos revogar as normas que já estão em vigor e sim ampliá-las para adequá-las a atualidade[195].

Nogueira Neto sublinha que o reconhecimento e a garantia do direito à afetividade e à sexualidade da criança e do adolescente devem estar na perspectiva do atendimento à proteção integral como condição[196], como preconiza o Estatuto, para seu pleno desenvolvimento em condições de liberdade e dignidade.

> Todavia, considerando-se que a sexualidade da criança e do adolescente tem o seu exercício limitado pelas leis, em função de sua peculiar condição de desenvolvimento biopsicossocial – há que se reconhecê-la e

---

[194] BRASIL, 2006b, p.14.

[195] CASTRO, M. G.; RIBEIRO, I.; BUSSON, S. Norma e cultura: diversificação das infâncias e adolescências na sociedade brasileira contemporânea de acordo com os direitos sexuais e reprodutivos. In: UNGARETTI, M. A. (Org.). **Criança e adolescente:** direitos, sexualidades e reprodução. São Paulo: Associação Brasileira de Magistrados, Promotores de Justiça e Defensores Públicos da Infância e Juventude – ABMP, 2010, p. 61-83, p. 79.

[196] NOGUEIRA NETO, W. Direitos afetivos e sexuais da infância e da adolescência: o papel dos Conselhos dos direitos da criança e do adolescente. In: UNGARETTI, M. A. (Org.). **Criança e adolescente:** direitos, sexualidades e reprodução. São Paulo: Associação Brasileira de Magistrados, Promotores de Justiça e Defensores Públicos da Infância e Juventude – ABMP, 2010, p. 129-146.

garanti-la (promover, proteger e defender) de maneira emancipável e não castradora[197].

Melo assinala, no que diz respeito à titularidade de direitos de crianças e adolescentes, que uma mudança de paradigmas demanda aprofundamento nas normativas, em suas diversas dimensões, em torno do controle da sexualidade e de seu caráter político[198]. Para o reconhecimento e o exercício de direitos, deverá acontecer uma reflexão sobre o lugar social das crianças e adolescentes e sobre as discriminações etárias e de gerações a que estão submetidos:

> Pretender falar de novos direitos no campo da sexualidade e de uma justiça voltada à emancipação dos sujeitos não será possível no campo dos direitos humanos, sem uma revisão de conceitos como **proteção e desenvolvimento**, normas e direito, e, sobretudo de protagonismo social de crianças e adolescentes[199].

O espaço de fala e a relevância da escuta a crianças e adolescentes assinalam também o que Souza apontou sobre a necessidade de viabilização de uma integração contínua entre crianças, adolescentes e adultos em uma relação dialógica permanente[200].

Os direitos sexuais e reprodutivos exigem um diálogo interdisciplinar, considerando que provocam áreas diversificadas do saber em suas questões, como a sociologia, a ciência política, a saúde coletiva, o direito, entre outras, um desafio lançado para o saber científico, em que ainda há pouca conversa entre as áreas, sendo "essencial a interdisciplinaridade para entendermos o uni-

---

[197] Ibidem, p. 130.

[198] MELO, E. R. Direito e norma no campo da sexualidade na infância e na adolescência. In: UNGARETTI, M. A. (Org.). **Criança e adolescente:** direitos, sexualidades e reprodução. São Paulo: Associação Brasileira de Magistrados, Promotores de Justiça e Defensores Públicos da Infância e Juventude – ABMP, 2010, p. 43-59.

[199] Ibidem, p. 43, grifo nosso.

[200] SOUZA, 2010.

verso das crianças e dos(as) adolescentes"[201]. É fato a necessidade de uma nova abordagem dos direitos sexuais e reprodutivos dos adolescentes, não se perdendo a perspectiva da proteção integral da infância e juventude, proteção essa que

> têm como garantia por serem vulneráveis para a prática de alguns atos da vida civil, mas é preciso que tabus sejam quebrados, preconceitos desfeitos, e que direitos sejam promovidos e garantidos, pois de direitos humanos se trata[202].

> Onde, afinal, começam os Direitos Humanos? Em pequenos lugares próximos de casa – tão próximos e tão pequenos que não aparecem em nenhum mapa. Nas vizinhanças onde moram as pessoas, nas escolas que frequentam, na fábrica, na fazenda ou escritório onde trabalham. Esses são os lugares onde cada homem, mulher ou criança busca a justiça, a igualdade de oportunidades e a dignidade sem discriminação. A menos que esses direitos tenham significado nesses locais, eles não terão qualquer significado em nenhum outro lugar.

> Eleanor Roosevelt (1884-1962),
> Presidente da Comissão das Nações Unidas para os Direitos Humanos.

Ungaretti correlaciona os direitos sexuais com aspectos diversos, tais como os valores existentes e as histórias de vida dos sujeitos, sublinhando a afetividade e o prazer como bases também da sexualidade, não resumida a fatores biológicos[203]. Aponta a relação com as normas, os costumes e os códigos defi-

---

[201] CASTRO; RIBEIRO; BUSSON, 2010, p. 63.

[202] Ibidem, p.82.

[203] UNGARETTI, M. A. Fluxos operacionais sistêmicos: instrumento para aprimoramento do sistema de garantia dos direitos da criança e do adolescente no marco dos direitos humanos. In: _____. (Org.). **Criança e adolescente:** direitos, sexualidades e reprodução. São Paulo: Associação Brasileira de Magistrados, Promotores de Justiça e Defensores Públicos da Infância e Juventude – ABMP, 2010, p. 101-127.

nidos: a Constituição Federal, o Estatuto, o SUS e o SUAS, a Lei de Diretrizes e Bases da Educação Nacional, o SINASE, o Código Penal, entre outros. Observa que os direitos sexuais de crianças e adolescentes devem integrar-se aos direitos humanos, no respeito ao ciclo de vida, ao que preconiza a Convenção sobre os direitos da criança, de 1989, e o Estatuto da Criança e do Adolescente. Assinala a autora que:

> A intenção, então, é assegurar às crianças e aos adolescentes o exercício pleno de sua sexualidade, garantindo que seus direitos sexuais sejam e estejam reconhecidos, promovidos, respeitados e defendidos pela sociedade de todas as maneiras. Nesse sentido é que o conhecimento e a compreensão da sociedade sobre a sexualidade precisam envolver todas as suas dimensões, pois o exercício da sexualidade se encontra relacionado ao estágio da sociedade e depende de mudanças históricas, culturais, demográficas, econômicas e políticas. A sexualidade é essencial para o desenvolvimento individual e social[204].

Ela afirma que os direitos humanos de crianças e adolescentes devem estar embasados nas práticas sociais e "devem dar lugar à expansão da dimensão ética na vida social e nos territórios da cidadania. Neste sentido, as declarações, os tratados, os pactos, os discursos podem se qualificar"[205]. Certamente, enfrento uma grande frustração no lidar com tantas perdas de vidas, sem poder intervir ainda, de forma mais eficaz, no sentido de prevenir mortes de adolescentes. No relato de casos e narrativas de suas histórias e de suas famílias, projeto para o desejo de alcance de intervenções que viabilizem efetivas mudanças, promovendo transformações nas relações existentes, no caminho da superação da violência e da garantia de direitos.

---

[204] Ibidem, p.113.
[205] Ibidem, p.122.

Na contemporaneidade, no investimento de expansão da garantia dos direitos sexuais, o direito democrático da sexualidade vem sendo discutido, fazendo parte da ampliação "dos princípios constitucionais da liberdade e igualdade, orientadores dos direitos sexuais, a ponto de abarcar questões como orientação, expressão, práticas e identidades vinculadas à sexualidade [...]"[206]. Os direitos humanos têm evoluído no transcorrer da história da humanidade, tendo alcançado um momento singular na elaboração da Declaração Universal dos Direitos Humanos. Norberto Bobbio afirma tal compreensão articulando os direitos do homem aos direitos históricos, advindos dentro de um contexto, dentro de uma história e de um movimento que os cria de forma gradativa, processual.

> Do ponto de vista teórico, sempre defendi – e continuo a defender, fortalecido por novos argumentos – que os direitos do homem, por mais fundamentais que sejam, são direitos históricos, ou seja, nascidos em certas circunstâncias, caracterizadas por lutas em defesa de novas liberdades contra velhos poderes, e nascidos de modo gradual, não todos de uma vez e nem de uma vez[207].

O sistema socioeducativo demanda ainda transformações para o alcance de sua missão maior, o alinhamento conceitual, operacional e estratégico para trabalhar a socioeducação de adolescentes e a atenção às suas famílias no processo de acompanhamento que se desenvolve no período do cumprimento de sua medida socioeducativa. Podemos observar que, no território nacional, numerosas ações estão desenvolvendo-se para atendimento às diretrizes do SINASE, delineando novos movimentos. Oliveira assinala, entre as condições da execução da medida socioeducativa, que:

---

[206] LESSA, A.; LOPES, E. R.; SILVA, M. T. A. Visita íntima no DEGASE: o exercício de um direito. In: **Juventude, educação e direitos humanos**. Rio de Janeiro: DEGASE, 2015, p. 3.

[207] BOBBIO, N. **A era dos direitos**. Tradução de Carlos Nelson Coutinho. Rio de Janeiro: Elsevier, 1992, p. 5.

> [...] dada a condição peculiar do adolescente como sujeito em desenvolvimento, menos maduro que o adulto, a execução deve ter o compromisso de atender aos direitos fundamentais do adolescente, entre os quais está o de receber tratamento justo, não ofensivo ou humilhante, pautado em bases legais, minimamente interventivo sobre a subjetividade, não moralista ou baseado em expectativas impossíveis de serem atendidas [...] a experiência no sistema socioeducativo deveria ser capaz de fazer diferença na vida do adolescente, provendo-lhe outras linguagens alternativas à infração para se posicionar diante das condições profundas adversas nas quais constrói sua identidade. Deveria poder contribuir para que ele se convertesse em agente de suas próprias escolhas e mais ativo frente aos fatores que têm poder de intervir negativamente sobre sua conduta[208].

A implantação da visita íntima, entre outros direitos a serem garantidos e efetivados, vem somar-se à mobilização para tornar o espaço da socioeducação coerente com suas proposições. Muito temos ainda a trabalhar para construir um novo saber e superar práticas ilegítimas, impasses e dificuldades, advindos de anos de uma cultura atravessada por preconceitos. Para alcançar a compreensão da importância do exercício da cidadania para aqueles que enfrentaram adversidades no lidar com a lei, é necessário trabalhar as responsabilidades, a conscientização do viver em sociedade, o respeito a si e aos outros e, assim, ter verdadeiramente oportunidades reais de redirecionar suas vidas. Oliveira sublinha que:

> [...] adolescentes e jovens não são sujeitos passivos, determinados pelo contexto social, mas sujeitos ativos que, em condições específicas de educação e desenvol-

---

[208] OLIVEIRA, M. C. S. L. Da medida ao atendimento socioeducativo: implicações conceituais e éticas. In: PAIVA, I.; SOUZA, C.; RODRIGUES, D. (Org.). **Justiça Juvenil:** teoria e prática no sistema socioeducativo. Natal: EDUFRN, 2014, p. 79-99, p. 91.

vimento, constroem a capacidade de se posicionar criticamente frente às características adversas do contexto e desenvolver formas inovadoras de superar as dificuldades a eles impostas [...][209].

No sistema socioeducativo do Rio de Janeiro, a proposta delineada aponta para a possibilidade de investir em uma construção coletiva para a implantação da visita íntima, alcançar seus objetivos de garantia de direitos afetivos, sexuais e reprodutivos e contribuir com a elaboração do projeto de vida dos adolescentes, por meio de uma intervenção-ação contínua, que proporcione a participação ativa dos sujeitos implicados. É uma iniciativa importante tanto para a evolução do processo socioeducativo de cada adolescente como para o necessário reordenamento institucional.

Observo que profissionais da socioeducação, mesmo antes de o Sistema de Garantia de Direitos ser formalizado, praticaram ações no sentido da intersetorialidade, desde os anos 90, em que está presente o princípio básico dos Direitos Humanos. Pode-se verificar em atendimentos realizados pelas equipes técnicas, a partir de 1994, aos adolescentes e seus familiares, o reconhecimento da incompletude institucional, com encaminhamentos para a rede de saúde, contatos e ações junto a conselhos de defesa, Ministério Público, Defensoria, Judiciário, assim como outras orientações para contato com órgãos públicos, de serviços, para prover suportes necessários.

Depois da conclusão do GT VI, na direção do paradigma da socioeducação, o Degase organizou o novo Grupo de Trabalho, com o objetivo de construir o Programa de Saúde e Sexualidade e caminhar no sentido de compor, posteriormente, o Programa Visita Afetiva para seu início. Esse trabalho iniciou em 2014, formado, essencialmente, por servidores do Degase, e foi concluído no primeiro semestre de 2015. Durante os últimos anos,

---

[209] Ibidem, p.87.

desde a determinação da lei, os cursos de capacitação, fóruns, espaços de discussão da temática tiveram espaço dentro do sistema, promovendo debates, levantando diversas questões em torno da proposta e, até mesmo, do direito de implantação da visita íntima.

Atualmente, aguarda-se uma resposta da gestão do Degase para esses dois trabalhos, questões que apresentam urgência em sua efetivação e demandam prioridade. Entre os critérios elencados para liberação da visita íntima ao casal de adolescentes, serão exigidos os seguintes: que adolescentes em cumprimento de MSE e visitante tenham, no mínimo, dezesseis anos de idade completos; que se obtenha autorização de um dos pais ou responsáveis de cada adolescente, podendo ocorrer, se necessário, suprimento de autorização pela via judicial; participação no Programa de Saúde e Sexualidade pelo período determinado pela Comissão de Avaliação; relacionamento íntimo com somente um parceiro de referência cadastrado por medida. Outras solicitações abarcam a comprovação material do casamento ou da união estável com apresentação de documentos, tais como: declaração do adolescente e dos responsáveis; prova documental como fotos; certidão de nascimento de filhos; comprovante de residência; e outros documentos comprobatórios do relacionamento estável entre visitante e visitado e/ou prova testemunhal, sendo esta realizada por três testemunhas maiores de dezoito anos[210].

Entendemos que a implantação ocorrerá de forma processual e poderá haver modificações em sua proposição, conforme se configuram novas demandas ou mudanças, mas aponto a necessidade de atenção para que se efetive a implantação,

---

[210] BRASIL. Secretaria de Educação do Estado do Rio de Janeiro, Departamento Geral de Ações Socioeducativas – DEGASE – Corregedoria – Atas das Reuniões do Grupo de Trabalho para elaboração de Proposta de Regulamentação do Artigo 68, da Lei n.º 12.594/12 (SINASE), que assegura ao adolescente em cumprimento de medida socioeducativa de internação o direito à visita íntima. Documento interno, 2013a.

depois de todo um processo de construção coletiva preparatória para tal, referendando o que Lessa, Lopes e Silva assinalaram:

> [...] Não resta dúvida que um novo direito nasceu, cabe a partir de então inseri-lo no rol dos direitos democráticos à sexualidade, pois agregado as bases constitucionais da liberdade de expressão, de práticas e de identidades vinculadas à sexualidade, a igualdade e o respeito à dignidade[211].

Apresento, na sequência, as considerações finais, também com objetivos de assinalar a relevância das possibilidades de mudança por meio de uma construção coletiva, voltada à promoção de uma nova forma de socioeducação, mais integral e respeitosa aos adolescentes em cumprimento de medida socioeducativa de internação, que perpasse também o trabalho com as famílias e a proposta de implantação da VI.

---

[211] LESSA; LOPES; SILVA, 2015, p. 5.

6

CONCLUSÃO

Este estudo realizou um percurso no sentido de realizar uma análise de implicação no sistema socioeducativo, por meio da abordagem do atendimento aos adolescentes e às famílias e da relação com a implantação da visita íntima no Rio de Janeiro, refletindo acerca de múltiplas dimensões das interações que perpassam a garantia desses direitos. O lugar privilegiado que deve ocupar a afetividade nas relações íntimas e familiares e a manutenção de vínculos familiares e comunitários favorecem a compreensão da oportunidade desse encontro íntimo do adolescente como propiciador de um espaço de diálogo e reflexão, favorecendo seu amadurecimento e repercutindo em seu processo socioeducativo de forma positiva.

No transcorrer da análise, acabaram emergindo minhas próprias memórias, constituídas por minha implicação, as quais solidificaram minha experiência no sistema socioeducativo. Observo que a análise das implicações aponta, em minha trajetória e inserção no desenvolvimento da proposta, exatamente para a linha que acredito ser a principal de ação socioeducativa, o desejo de investir no encontro dialógico de adolescentes com sua família. Depois de tantos anos, evidencia-se, ainda, a urgência de ter-se como uma prática da ação socioeducativa a abordagem às famílias de adolescentes em cumprimento de MSE. Tal prática desenvolvida no sistema, com ações voltadas aos adolescentes e familiares, assinala que esse é um dos caminhos que precisa ser trilhado no sistema socioeducativo todos os dias, e não eventualmente, em ações isoladas e provisórias.

Refletindo sobre as intervenções do Golfinhos, encontramo-nos com as memórias e narrativas de adolescentes e familiares, que, ao serem reveladas, ao possibilitarem um trabalho sobre seu conteúdo emocional, permitiram uma reorganização não só ao adolescente, como também a seu núcleo, a qual ampliava suas perspectivas de amadurecimento, superando conflitos e resgatando laços de importância em sua vida. Os resultados obtidos no Projeto Golfinhos foram extremamente produtivos, com dados colhidos no retorno avaliativo dos participantes, feito de diversas formas, tais como por meio de material de produção na participação, arquivado em registro do projeto. Os dados apontam para uma urgência de ter-se como um serviço, em todas as unidades, uma atenção às famílias, que vai além de encaminhamentos feitos na parte documental e assistencial.

Desde o começo do Golfinhos, foram feitas apresentações em espaços científicos, institucionais, congressos, seminários e simpósios, em que sempre os resultados e a receptividade ao projeto evidenciaram a importância do trabalho com famílias e a possibilidade de ampliar suas ações com profissionais, de forma interdisciplinar, no rumo de intervenções produtivas, em prol de resultados que contribuam com um meio social mais saudável.

Trabalhar com famílias e adolescentes, consciente do muito a fazer e do desafio em lidar com o descrédito de muitos em relação às transformações do adolescente no relacionar-se com o social, vem respaldado no vivenciado junto às famílias e aos adolescentes e no cotidiano institucional, referendando que é possível alcançarmos resultados significativos e superarmos tantos obstáculos de múltiplas origens. Isso é o que traduz uma trajetória na socioeducação, trabalhando com familiares e adolescentes e interagindo com servidores com visões de mundo diferenciadas.

No reconhecimento da atenção às famílias, o núcleo emocional precisa ser trabalhado junto com toda essa parte, os adolescentes e famílias trazem uma carência de orientação que não podemos simplesmente ignorar, por exemplo, porque se espera que a maioria dos profissionais da Psicologia no sistema socioeducativo faça o acompanhamento da medida sem intervenções terapêuticas.

O atendimento socioeducativo aos adolescentes e familiares não deve ser fragmentado em partes predeterminadas, para que as providências no cumprimento de medida socioeducativa sejam satisfeitas no mundo jurídico, como documentação, escolarização e profissionalização. Sem diminuir a importância de cada uma dessas determinações no processo, o que significa todo esse trabalho se não estiver sendo realizado de forma integrada, com as metas e desejos a serem alcançados pelo adolescente bem internalizados, estando ele inserido verdadeiramente em seu projeto de vida e com participação de sua família. Sabemos quantos entraves enfrenta-se em um cotidiano social de vencedores e opressores? Afinal, os vitoriosos não darão espaço, facilmente, ao crescimento daqueles que estão no lugar dos oprimidos e que desse lugar desejam sair.

A construção do GT Visita Íntima proporcionou uma abordagem em múltiplas visões, de uma ação necessária e urgente no sistema, que, infelizmente, ainda não aconteceu, apesar dos investimentos feitos pelo próprio departamento. A proposta principal da visita íntima, que compreendemos não se esgotar no encontro sexual, volta-se ao desenvolvimento de pessoas que demandam atenção e orientação, sendo esse direito uma abertura para uma compreensão também de sua responsabilidade como parceiro numa família, em que o programa de saúde e sexualidade poderá desenvolver um diferencial importante em suas vidas.

Iniciada uma reflexão do que perpassa pensamentos, mentes e corpos a partir do que foi escutado acerca da visita íntima, em diversas oportunidades, observo que existem muitas discriminações que precisarão ser trabalhadas na implantação e existência do direito, vindas de todas as representações dentro do sistema socioeducativo e, inclusive, do meio social, que também pressiona e cobra resultados ou soluções, mas precisa estar mais participativo para que estes aconteçam.

Adolescentes, se ainda não são, poderão tornar-se pais de família, ocupar o lugar de formadores de outras pessoas, e as relações estáveis são importantes na construção de um sistema familiar e na formação de indivíduos. Por essa via, da implicação da interação familiar, sublinho minha participação no desenvolvimento de ações que incluem as famílias e suas inter-relações. Considerando ser uma profissional inserida no sistema socioeducativo voltado aos adolescentes em conflito com a lei, reafirmo que esse sistema deve ter como referência seu paradigma na doutrina da proteção integral, definido pelas legislações existentes da infância e juventude e por todas as diretrizes que compõem o sistema de garantia de direitos.

A legislação brasileira, em torno da infância e juventude, vem dando passos importantes, sendo considerada uma das mais avançadas no cenário internacional, porém ainda não se executam, integralmente, suas determinações, demandando ações, em diversos níveis, para que se garantam a integridade e todos os direitos de crianças e adolescentes.

Acredito que esse projeto pode ter importância no sentido de divulgar estratégias de trabalho com as famílias. O sistema socioeducativo tem muita dificuldade em registrar e divulgar propostas exitosas e fica muito fechado nas repetições e nas suas evidentes permanências, como, por exemplo, uma cultura violenta, que ainda não conseguiu ultrapassar. Também tem muita dificuldade em transitar na fronteira tênue que separa o envolvimento das famílias no atendimento, o empoderamento das famílias em sua função educativa, de um lado, e a punição às famílias, como se fossem elas também autoras de alguma infração e, ainda por cima, alvos de uma sanção negativa do Estado. Por exemplo, quando as famílias deixam de ser vistas como parceiras e são alvo de exigências impossíveis de cumprir, como obrigação de apresentarem-se para reuniões nas unidades de internação em horário de trabalho, presença em audiências de seus filhos, marcadas com prazo curto para se organizarem, presença em atividades não tendo recursos financeiros para o transporte, entre outras.

No sentido de contribuir e nortear ações com base na ética profissional, no sistema de garantia de direitos e por meio de políticas públicas, observo algumas recomendações ao sistema socioeducativo, no sentido de promover transformações positivas. É certo que não podemos ignorar as dificuldades existentes e reconhecidas, tais como a superlotação, a falta de verbas necessárias para obras e ações, dificuldades no embate com o judiciário, entre outras, pelas quais o sistema socioeducativo passa, na verdade, em todo o país, mas se deve investir na força do coletivo, inclusive com os adolescentes e familiares participando do processo, e procurar trilhar o caminho na garantia dos direitos, não se curvando ao "difícil de mudar", mas enfrentando a violência institucional, o descaso social, a falta de sensibilidade aos problemas existentes de todo o aparato em torno da infância e juventude em conflito com a lei.

A partir de uma perspectiva da Análise Institucional, fica uma reflexão sobre a memória coletiva, com uma possível inter-relação, por um lado entre a memória individual e familiar dos adolescentes, com tantos enfrentamentos e sofrimentos, da busca de poder ter uma oportunidade de um lugar cidadão no mundo, e por outro lado a memória institucional, com uma vivência de resultados esparsos e incertos da ação socioeducativa, com avanços e retrocessos do sistema socioeducativo do Rio de

Janeiro. Estão incluídas, nessas idas e vindas, as vicissitudes do trabalho e os impactos das zonas de enrijecimento das dinâmicas institucionais. Tais contrariedades podem se dar seja pela falta de concursos, pelas mudanças de secretaria, seja por mudanças abruptas, sem processualidade de ações no sistema, entre outras possibilidades de atravessamentos. Tais entraves podem ser vistos como analisadores que demandam ação e transformação, para que os operadores do sistema possam traçar um novo rumo em sua prática e escrever uma nova história.

As dificuldades não devem impedir passos consistentes na direção do paradigma socioeducativo, do fazer acontecer e valer a doutrina da proteção integral. Podemos apostar nas forças institucionais presentes em muitos movimentos e produções dentro do sistema e fortalecer a integração com a participação intersetorial. A conquista da verdadeira prática da socioeducação se dá através de uma responsabilidade compartilhada, entre os diversos setores da sociedade – educação, saúde, trabalho, justiça, e dos próprios atores do sistema socioeducativo. Essa integração e os movimentos instituintes se tornam um dispositivo que possibilita construir um trabalho socioeducativo.

Este aprofundamento também visa recomendar investimentos em encontros socioeducativos articulados com as universidades, com discentes e docentes, com setores do Estado e Município, pelos quais as ações permeiam o atendimento à população, a conscientização de que demanda uma responsabilidade compartilhada para transformar o sistema e não se desencontrar do viés garantista. Toda ideia que sustenta uma socioeducação não deve perder-se da possibilidade de dialogar com representações locais, tanto em relação aos órgãos como às representações de comunidades, associações de familiares, como a formação contínua com os socioeducadores. Deve-se afirmar sempre que não pode haver argumentos que justifiquem uma trilha equivocada, por qual motivo for, mas que as determinações legais venham ao encontro de pessoas em desenvolvimento que precisam, além de todos os seus direitos garantidos, de oportunidade, como bem sublinhava Antonio Carlos Gomes da Costa, pedagogo, referência nacional em socioeducação. Costa afirma que os programas de ação social educativa, para adolescentes em conflito com a lei, devem oportunizar condições que, verdadeiramente, viabilizem o desenvolvimento psicossocial do educando, contribuindo como pessoa com o

> desenvolver sua autonomia; enquanto cidadão, contribuindo para o desenvolvimento da sua solidariedade; enquanto futuro profissional, potencializando o desenvolvimento de suas capacidades, competências e habilidades requeridas pelo mundo do trabalho[212].

Assinalo outro movimento presente nesta análise, que foi o lidar com um desafio inerente à autoetnografia, considerando que, como pesquisadora, sendo uma integrante do sistema socioeducativo, sou parte do problema de pesquisa e também uma das "genitoras" do projeto que é abordado nas análises. Procurei aprofundar este estudo passando por uma rememoração significativa de muitos casos em minha prática, os quais revelaram a importância de as ações serem articuladas com a atenção às famílias em todo o processo socioeducativo, de forma integralizada, e apontaram para a participação em outros desafios, entre eles, a implantação da visita íntima. Ressalto, assim, a natureza multidimensional desse objeto, que é social e também subjetiva, ao tomar o corpo, os afetos, a sexualidade como espaço político, de exercicio de direitos, no caso, o direito à visita íntima para os adolescentes em cumprimento de medida socioeducativa de internação.

---

[212] COSTA, A. C. G. da (Org.). Secretaria Especial de Direitos Humanos, Subsecretaria dos Direitos da Criança e do Adolescente. **As bases éticas da ação sócio-educativa:** referenciais normativos e princípios norteadores. Belo Horizonte, 2004, p. 57.

Também sublinho que é imprescindível a oportunidade de pesquisas que permitam esse vai e vem entre a prática e a investigação, as quais podem produzir contribuições de atores do próprio campo de atuação, por meio da análise de sua implicação, em suas experiências e vivências.

Pela análise de implicação, encontra-se uma constatação: de que um trabalho desenvolvido com as famílias, seja no Projeto Golfinhos, se retomado, seja na proposta do Programa de Atenção às Famílias, se implantada, seja em outros atuantes, pode oportunizar uma conscientização da força do coletivo para investir em mudanças, garantias de direitos e reconhecimento de responsabilidades em diferentes lugares.

Estas são algumas das questões que procuramos "concluir" e, ao mesmo tempo, enlaçam-nos em inúmeras indagações e inquietações, em que devemos voltar, continuamente, à análise de implicações e também remeter ao continuar de pesquisas e ao procurar compreender e atender às demandas existentes no campo da socioeducação. Existe a necessidade de produção de agenciamentos em direções múltiplas, que possam, verdadeiramente, promover uma configuração produtiva na área da adolescência em conflito com a lei, dentro do paradigma socioeducativo.

REFERÊNCIAS

ARROYO, M. G.; SILVA, M. R. (Org.). **Corpo infância:** exercícios tensos de ser criança, por outras pedagogias dos corpos. Petrópolis: Vozes, 2012.

AZEVEDO, M. A.; GUERRA, V. N. A. (Org.). **Crianças vitimizadas:** a síndrome do pequeno poder. São Paulo: Iglu, 1989, p. 143-163.

BAREMBLITT, G. **Compêndio de análise institucional.** 5. ed. Belo Horizonte: Instituto Felix Guattari, 2002.

BARROS, L. P.; KASTRUP, V. Cartografar é acompanhar processos. In: PASSOS, E.; KASTRUP, V.; ESCÓSSIA, L. da (Org.). **Pistas do método da cartografia:** pesquisa-intervenção e produção de subjetividade. Porto Alegre: Sulina, 2015, p. 52-75. Disponível em: <http://www.editorasulina.com.br/img/sumarios/473.pdf>. Acesso em: 16 jul. 2016.

BENJAMIN, W. **Magia e técnica, arte e política:** ensaios sobre literatura e história da cultura. Tradução de Sérgio Paulo Rouanet. 7. ed. Obras escolhidas, v. 1. São Paulo: Brasiliense, 1994.

BOBBIO, N. **A era dos direitos.** Tradução de Carlos Nelson Coutinho. Rio de Janeiro: Elsevier, 1992.

_____. Constituição da República Federativa do Brasil. **Diário Oficial [da] República Federativa do Brasil,** Senado Federal, Brasília, DF, 1988. Disponível em: <http://www.planalto.gov.br/ccivil_03/Constituicao/Constituicao.htm#adct>. Acesso em: 28 jun. 2014.

_____. Lei n.º 8.069/90, de 13 de julho de 1990. Dispõe sobre o Estatuto da Criança e do Adolescente e dá outras providências. **Diário Oficial [da] República Federativa do Brasil,** Brasília, DF, 1990a. Disponível em: <http://www.planalto.gov.br/ccivil_03/leis/l8069compilado.htm>. Acesso em: 28 jun. 2014.

_____. Lei n.º 8.080, de 19 de setembro de 1990. Dispõe sobre as condições para a promoção, proteção e recuperação da saúde, a organização e o funcionamento dos serviços correspondentes e dá outras providências. **Diário Oficial da União,** Brasília, DF, 20 set. 1990b. Disponível em: <https://www.planalto.gov.br/ccivil_03/leis/l8080.htm>. Acesso em: 18 jul. 2014.

_____. Ministério do Desenvolvimento Social e Combate à Fome, Secretaria Nacional de Assistência Social. **Política nacional de assistência social PNAS/2004.** Brasília, DF, 2005.

_____. Secretaria Especial dos Direitos Humanos, Conselho Nacional dos Direitos da Criança e do Adolescente. **Sistema nacional de atendimento socioeducativo SINASE,** Brasília, DF, 2006a.

_____. Ministério da Saúde, Secretaria de Atenção à Saúde, Departamento de Ações Programáticas Estratégicas. **Marco teórico e referencial:** saúde sexual e saúde reprodutiva de adolescentes e jovens. Brasília: Editora do Ministério da Saúde, 2006b.

_____. Ministério do Desenvolvimento Social e Combate à Fome, Secretaria Especial de Direitos Humanos. **Plano nacional de promoção, proteção e defesa do direito de crianças e adolescentes à convivência familiar e comunitária.** Brasília, DF, 2006c.

_____. Lei n.º 12.015, de 7 de agosto de 2009. Altera o Título VI da Parte Especial do Decreto Lei n.º 2.848, de 7 de dezembro de 1940 – Código Penal, e o art. 1ª da Lei n.º 8.072, de 25 de julho de 1990, que dispõe sobre os crimes hediondos, nos termos do inciso XLIII do art. 5º da Constituição Federal e revoga a Lei 2.252, de 1º de julho de 1954, que trata de corrupção de menores. **Diário Oficial da União,** Brasília, DF, 10 ago. 2009. Disponível em: <http://www.planalto.gov.br/ccivil_03/_ato2007-2010/2009/lei/l12015.htm>. Acesso em: 21 set. 2014.

_____. Lei n.º 12.594, de 18 de janeiro de 2012. Institui o Sistema Nacional de Atendimento Socioeducativo (Sinase), regulamenta a execução das medidas socioeducativas destinadas a adolescente que pratique ato infracional e altera outras leis. **Diário Oficial da União,** Brasília, DF, 19 jan. 2012a. Disponível em: < http://www.planalto.gov.br/ccivil_03/_ato2011-2014/2012/lei/l12594.htm >. Acesso em: 21 set 2014.

_____. **Direitos sexuais e reprodutivos de adolescentes e jovens em conflito com a lei:** contribuições para o debate e ações. Coordenação: Maria Helena Franco. São Paulo: ECOS – Comunicação em sexualidade, 2012b. Disponível em: <http://monitoramentocedaw.com.br/wp-content/uploads/2013/08/JovensSIT.pdf>. Acesso em: 23 jun. 2014.

_____. Presidência da República, Secretaria de Direitos Humanos. **Levantamento Anual dos/as Adolescentes em Conflito com a Lei – 2012.** Brasília: Secretaria de Direitos Humanos da Presidência da República, 2013. Disponível em: <http://www.sdh.gov.br/assuntos/criancas-e-adolescentes/pdf/levantamento-sinase-2012>. Acesso em: 22 dez. 2015.

CAMURI, A. C. et al. Direitos sexuais no sistema socioeducativo do Rio de Janeiro. **Mnemosine,** Rio de Janeiro, v. 8, n. 1, 2012, p. 43-71.

CASTRO, M. G.; RIBEIRO, I.; BUSSON, S. Norma e cultura: diversificação das infâncias e adolescências na sociedade brasileira contemporânea de acordo com os direitos sexuais e reprodutivos. In: UNGARETTI, M. A. (Org.). **Criança e adolescente:** direitos, sexualidades e reprodução. São Paulo: Associação Brasileira de Magistrados, Promotores de Justiça e Defensores Públicos da Infância e Juventude – ABMP, 2010, p. 61-83.

COIMBRA, C. C.; BOCCO, F.; NASCIMENTO, M. L. Subvertendo o conceito de adolescência. **Arquivos Brasileiros de Psicologia,** v. 57, n. 1, p. 2-11, 2005. Disponível em: <http://pepsic.bvsalud.org/pdf/arbp/v57n1/v57n1a02.pdf>. Acesso em: 23 jun. 2014.

CONANDA. Resolução n.º 113, de 19 de abril de 2013. Dispõe sobre os parâmetros para a institucionalização e fortalecimento do Sistema de Garantia dos Direitos da Criança e do Adolescente. **Diário Oficial da União**, Brasília, DF, 20 abr. 2006. Disponível em: <http://www.promenino.org.br/noticias/arquivo/resolucao-113-do-conanda-sobre-fortalecimento-do-sistema-de-garantia-dos-direitos>. Acesso em: 01 jul. 2014.

COSTA, A. C. G. da (Org.). Secretaria Especial de Direitos Humanos, Subsecretaria dos Direitos da Criança e do Adolescente. **As bases éticas da ação sócio-educativa:** referenciais normativos e princípios norteadores. Belo Horizonte, 2004.

FILOMENO, K. **Da cibernética à teoria familiar sistêmica**: um resgate dos pressupostos. Monografia (Terapia Sistêmica), Florianópolis, 2002. Disponível em: <https://docs.google.com/document/edit?id=1VewqGPL-L_Y-jTN4fLPPPPTde-Cvyyqzp7OvGrARj8o&hl= pt_ BR&pref=2&pli=1>. Acesso em: 02 jan. 2016.

FREIRE, P. **A Pedagogia da autonomia:** Saberes necessários à prática educativa. SP: Paz e Terra, 1996.

GAGNEBIN, J. M. **Lembrar escrever esquecer**. São Paulo: Editora 34, 2006.

GOFFMAN, E. **Manicômios, prisões e conventos**. São Paulo: Editora Perspectiva, 1974.

GUATTARI, F. **As três ecologias**. Campinas: Papirus, 1990.

GUATTARI, F.; ROLNIK, S. **Micropolítica**: cartografias do desejo. 7. ed. Petrópolis: Vozes, 2005.

GUSMÃO, D. S.; SOUZA, S. J. História, memória e narrativa: a revelação do "quem" nas histórias orais dos habitantes do Córrego dos Januários. **Psicol. Soc. [online]**, v .22, n. 2, p. 288-298, 2010. Disponível em: <http://www.scielo.br/pdf/psoc/v22n2/09.pdf>. Acesso em: 21 set. 2014.

HALBWACHS, M. **A memória coletiva**. São Paulo: Centauro, 2004.

JULIÃO, E. F.; VERGÍLIO, S. S. (Org.). **Juventudes, políticas públicas e medidas socioeducativas**. Rio de Janeiro: Degase, 2013.

KASTRUP, V. O funcionamento da atenção no trabalho do cartógrafo. In: PASSOS, E.; KASTRUP, V.; ESCÓSSIA, L. da (Org.). **Pistas do método da cartografia**: pesquisa-intervenção e produção de subjetividade. Porto Alegre: Sulina, 2015, p. 32-51. Disponível em: <http://www.editorasulina.com.br/img/sumarios/473.pdf>. Acesso em 16/07/2016.

LESSA, A.; LOPES, E. R.; SILVA, M. T. A. Visita íntima no Degase: o exercício de um direito. In: **Juventude, educação e direitos humanos**. Rio de Janeiro: Degase, 2015.

LOPES, E. R. **A inserção familiar no sistema socioeducativo de privação e restrição de liberdade do estado do Rio de Janeiro**. 2013. Monografia (Pós-Graduação em Terapia de Família)–Universidade Candido Mendes, Rio de Janeiro, 2013.

_____. **A política socioeducativa e o Degase no Rio de Janeiro**: transição de paradigma? Jundiaí: Paco Editorial, 2015b.

LOURAU, R. **A análise institucional**. Petrópolis: Vozes, 1975, p. 88-89.

LOURAU, R. Quelques approches de l'implication suivi de "Genèse Du concept d'implication". **POUR**, Paris, n. 88, p. 12-27, 1988.

LOURAU, R. **René Lourau na UERJ:** análise institucional e práticas de pesquisa. Rio de Janeiro: UERJ, 1993.

LOURAU, R. Implicação e sobreimplicação. In: ALTOÉ, S. (Org.). **René Lourau:** analista institucional em tempo integral. São Paulo: Hucitec, 2004. p. 186-198.

LOURAU, R. Objeto e método da análise institucional. In: ALTOÉ, S. (Org.). **René Lourau:** analista institucional em tempo integral. São Paulo: Hucitec, 2004.

LÖWY, M. "A contrapelo". A concepção dialética da cultura nas teses de Walter Benjamin (1940). **Lutas Sociais**, São Paulo, n. 25/26, p. 20-28, 2° sem. de 2010 e 1° sem. de 2011.

MAIA, M. V. et al. Crianças "impossíveis" – quem as quer, quem se importa com elas? **Psicologia em Estudo**, Maringá, v. 12, n. 2, p. 335-342, ago. 2007. Disponível em: <http://dx.doi.org/10.1590/S1413-73722007000200014>. Acesso em: 06 fev. 2016.

MATTAR, L. D. Exercício da sexualidade por adolescentes em ambientes de privação de liberdade. **Cad. Pesqui.**, São Paulo, v. 38, n. 133, p. 61-95, abr. 2008. Disponível em: <http://www.scielo.br/pdf/cp/v38n133/a04v38n133.pdf>. Acesso em: 29 dez. 2015.

MELO, E. R. Direito e norma no campo da sexualidade na infância e na adolescência. In: UNGARETTI, M. A. (Org.). **Criança e adolescente:** direitos, sexualidades e reprodução. São Paulo: Associação Brasileira de Magistrados, Promotores de Justiça e Defensores Públicos da Infância e Juventude – ABMP, 2010, p. 43-59.

MONCEAU, G. "Analyser ses implications dans l'institution scientifique: une voie alternative". **Revista Estudos e Pesquisas em Psicologia**, Rio de Janeiro, a. 10, n. 1, p. 13-30, 2010. Disponível em: <http://www.revispsi.uerj.br/v10n1/artigos/html/v10n1a03.html>. Acesso em: 03 nov. 2015.

MONCEAU, G. Implicação, sobreimplicação e implicação profissional. **Fractal - Revista de Psicologia**, v. 20, n. 1, p. 19-26, jan./jul. 2008. Disponível em: <http://dx.doi.org/10.1590/S1984-02922008000100007>. Acesso em: 03 nov. 2015.

MORAIS, C. Visita íntima na medida de internação: direito do adolescente infrator. **Revista Jus Navigandi**, Teresina, a. 19, n. 4.182, dez. 2014. Disponível em: <https://jus.com.br/artigos/31411>. Acesso em: 29 dez. 2015.

NASCIMENTO, M. L.; COIMBRA, C. M. B. Análise de implicações: desafiando nossas práticas de saber/poder. In: GEISLER, A. R.; ABRAHÃO, A. L.; COIMBRA, C. M. B. (Org.). **Subjetividade, violência e direitos humanos:** produzindo novos dispositivos na formação em saúde. Niterói: EDUFF, 2008, p. 143-153. Disponível em: <http://www.infancia-juventude.uerj.br/pdf/livia/analise.pdf.> Acesso em: 03 nov. 2015.

NOGUEIRA NETO, W. Direitos afetivos e sexuais da infância e da adolescência: o papel dos Conselhos dos direitos da criança e do adolescente. In: UNGARETTI, M. A. (Org.). **Criança e adolescente:** direitos, sexualidades e reprodução. São Paulo: Associação Brasileira de Magistrados, Promotores de Justiça e Defensores Públicos da Infância e Juventude – ABMP, 2010, p. 129-146.

NORA, P. Entre memória e história: a problemática dos lugares. **Projeto História –** **Revista do Programa de Estudos Pós-Graduados e do Departamento de História,** São Paulo, n. 10, p. 7-28, 1993.

OLIVEIRA, D. H. D.; FELIX-SILVA, A. V.; NASCIMENTO, M. V. N. Produção de sentidos nas práticas discursivas de adolescentes privados de liberdade. In: PAIVA, I. L.; SOUZA, C.; RODRIGUES, D. B. (Org.). **Justiça juvenil:** teoria e prática no sistema socioeducativo. Natal: EDUFRN, 2014, p. 221-245.

OLIVEIRA, M. C. S. L. Da medida ao atendimento socioeducativo: implicações conceituais e éticas. In: PAIVA, I.; SOUZA, C.; RODRIGUES, D. (Org.). **Justiça Juvenil:** teoria e prática no sistema socioeducativo. Natal: EDUFRN, 2014, p. 79-99.

ORGANIZAÇÃO DAS NAÇÕES UNIDAS (ONU). Assembleia Geral das Nações Unidas. Declaração universal dos direitos humanos. Paris, 1948. Disponível em: <http://www. ohchr.org/EN/UDHR/Documents/UDHR_Translations/por.pdf>. Acesso em: 08 nov. 2017.

ORGANIZAÇÃO DAS NAÇÕES UNIDAS (ONU). Assembleia Geral das Nações Unidas. Regras Mínimas das Nações Unidas para a Administração da Justiça da Infância e da Juventude (Regras de Beijing). 1985. Disponível em: <http://www.crianca.mppr.mp.br/ modules/conteudo/conteudo.php?conteudo=1074>. Acesso em: 08 nov. 2017.

ORGANIZAÇÃO DAS NAÇÕES UNIDAS (ONU). Assembleia Geral das Nações Unidas. Convenção sobre os Direitos da Criança. Nova Iorque, 1989. Disponível em: <http:// www.crianca.mppr.mp.br/modules/conteudo/conteudo.php?conteudo=1070>. Acesso em: 08 nov. 2017.

PAIVA, R. L. S. et al. Violência, delinquência e tendência antissocial: sobre a experiência de um atendimento a crianças vítimas da violência em uma favela do Rio de Janeiro. **Revista Estudos e Pesquisas em Psicologia,** Rio de Janeiro, v. 15, n. 3, p. 891-915, 2015. Disponível em: <http://www.e-publicacoes.uerj.br/index.php/revispsi/article/ view/19418/14011>. Acesso em: 03 fev. 2016.

PASSOS, E.; BARROS, R. B. A cartografia como método de pesquisa-intervenção. In: PASSOS, E.; KASTRUP, V., ESCÓSSIA, L. da (Org.). **Pistas do método da cartografia:** pesquisa-intervenção e produção de subjetividade. Porto Alegre: Sulina, 2015. p. 17-31. Disponível em: <http://www.editorasulina.com.br/img/sumarios/473.pdf>. Acesso em 16 jul. 2016.

PASSOS, E.; KASTRUP, V.; ESCÓSSIA, L. da (Org.). **Pistas do método da cartografia:** pesquisa-intervenção e produção de subjetividade. Porto Alegre: Sulina, 2009. Disponível em: <http://www.editorasulina.com.br/img/sumarios/473.pdf >. Acesso em 16 jul. 2016.

PAULON, S. M.; ROMAGNOLI, R. C. Pesquisa-intervenção e cartografia: Melindres e meandros metodológicos. **Revista Estudos e Pesquisa em Psicologia,** v. 10, n. 1, p. 85-102, 2010. Disponível em: <http://www.e-publicacoes.uerj.br/index.php/revispsi/article/ view/9019>. Acesso em: 14 jul. 2016.

PIOVESAN, F. Apresentação. In: UNGARETTI, M. A. (Org.). **Criança e adolescente:** direitos, sexualidades e reprodução. São Paulo: Associação Brasileira de Magistrados, Promotores de Justiça e Defensores Públicos da Infância e Juventude – ABMP, 2010, p. 16-18.

POLLAK, M. Memória, esquecimento, silêncio. **Estudos Históricos**, Rio de Janeiro, v. 2, n. 3, p. 3-15, 1989. Disponível em: <http://bibliotecadigital.fgv.br/ojs/index.php/reh/article/view/2278>. Acesso em: 21 set. 2014.

POLLAK, M. Memória e identidade social. **Estudos Históricos**, Rio de Janeiro, v. 5, n. 3, p. 200-212, 1992. Disponível em: <http://bibliotecadigital.fgv.br/ojs/index.php/reh/article/view/1941>. Acesso em: 21 set. 2014.

BRASIL. Secretaria de Educação do Estado do Rio de Janeiro. Departamento Geral de Ações Socioeducativas – Degase. **Arquivo do Projeto Golfinhos**. Documentos internos, 1995 a 2002.

BRASIL. Secretaria de Educação do Estado do Rio de Janeiro. Departamento Geral de Ações Socioeducativas – Degase – Corregedoria. **Atas das Reuniões do Grupo de Trabalho para elaboração de Proposta de Regulamentação do Artigo 68, da Lei n.º 12.594/12** (SINASE), que assegura ao adolescente em cumprimento de medida socioeducativa de internação o direito à visita íntima. RJ: Degase, Documento Interno, 2013a.

BRASIL. Secretaria de Educação do Estado do Rio de Janeiro, Departamento Geral de Ações Socioeducativas. **Portaria Degase n.º 154, de 04 de novembro de 2013**. Dispõe sobre a instituição das diretrizes gerais de implantação do Plano Individual de Atendimento – PIA do adolescente em cumprimento de medida socioeducativa no Degase, as quais visam orientar as equipes de trabalho do sistema socioeducativo do Estado do Rio de Janeiro. Rio de Janeiro: Degase, 2013b. Disponível em: <http://www.degase.rj.gov.br/documentos/PIA_PortariaDEGASE-154_PlanoIndividualAtendimento%20-%20PIA.pdf>. Acesso em: 22 nov. 2015.

BRASIL. Secretaria de Educação do Estado do Rio de Janeiro, Departamento Geral de Ações Socioeducativas. **Quem somos**. RJ: Degase, 2015a. Disponível em: <http://www.degase.rj.gov.br/quem_somos.asp>. Acesso em 22 nov. 2015.

BRASIL. Secretaria de Educação do Estado do Rio de Janeiro, Departamento Geral de Ações Socioeducativas. **PIA** – Plano Individual de Atendimento. Orientações e manual para preenchimento. RJ: Degase, 2014. Disponível em: <http://www.degase.rj.gov.br/documentos/PIA_Orientacoes_Manual.pdf>. Acesso em 14 nov. 2017.

BRASIL. Secretaria de Educação do Estado do Rio de Janeiro, Departamento Geral de Ações Socioeducativas. Degase - CSIRS - **Proposta do Grupo de Trabalho para implantação do Programa de Saúde e Sexualidade**. RJ: Degase, Documento Interno, 2015b.

RODRIGUES, M. L. Caminhos da transdisciplinaridade. **Revista Serviço Social e Sociedade**, São Paulo, Ed. Cortez, n. 64, a. XXI, nov/2000. Disponível em: <http://www.pucsp.br/nemess/links/artigos/marialucia3.htm>. Acesso em: 12 set. 2014.

SILVA, H. H. **Análise institucional de intervenções realizadas em duas escolas municipais de Contagem, Minas Gerais:** a ordem escolar e os limites à implantação de círculos de estudos. 2013. 111 f. Dissertação (Mestrado em Psicologia)–Universidade Federal de São João Del-Rei, São João Del-Rei, 2013. Disponível em: <http://www.ufsj.edu.br/portal2-repositorio/File/mestradopsicologia/Selecao%202015/A%20HELDER%20v_4_0.pdf>. Acesso em: 03 fev. 2016.

SILVA, M. T. A.; LEITE, R. P. (Colab.). **Projeto Grupo Multifamiliar**. Rio de Janeiro: 4º Ofício de Registros de Títulos e Documentos, 1996.

SILVA, M. T. A.; LEITE, R. P. (Colab.). Adolescente em conflito com a lei, e a família como vai? In: III CONGRESSO BRASILEIRO DE TERAPIA FAMILIAR, 1998, RJ. **Anais: O indivíduo, a família e as redes sociais na virada do século**, Rio de Janeiro: ATF, 2000.

SILVA, M. T. A.; LEITE, R. P. (Colab.). **Programa de atenção às famílias** – Espaço Golfinhos. 2002 – Documento Interno: Rio de Janeiro. Secretaria de Educação do Estado do Rio de Janeiro/Departamento Geral de Ações Socioeducativas – Degase. Rio de Janeiro: 4º Ofício de Registros de Títulos e Documentos, 2002.

SILVA, M. T. A.; ZAMORA, M. H. Visita íntima no sistema socioeducativo do Rio de Janeiro: uma construção interdisciplinar. **Revista Brasileira Adolescência e Conflitualidade**, v. 11, p. 1-13, 2014.

SOUZA, S. J. Criança e adolescente: construção histórica e social nas concepções de proteção, direitos e participação. In: UNGARETTI, M. A. (Org.). **Criança e adolescente: direitos, sexualidades e reprodução**. São Paulo: Associação Brasileira de Magistrados, Promotores de Justiça e Defensores Públicos da Infância e Juventude – ABMP, 2010, p. 87-100.

THIRY-CHERQUES, H. R. Revisitando Marx: alienação, sobretrabalho e racionalidade nas organizações contemporâneas. **Revista REAd**, ed. 55, v. 13, n. 1, p. 106-125, jan./abr. 2007. Disponível em: <http://www.redalyc.org/pdf/4011/401137456005.pdf>. Acesso em: 03 nov. 2015.

UNGARETTI, M. A. Fluxos operacionais sistêmicos: instrumento para aprimoramento do sistema de garantia dos direitos da criança e do adolescente no marco dos direitos humanos. In: _____. (Org.). **Criança e adolescente: direitos, sexualidades e reprodução**. São Paulo: Associação Brasileira de Magistrados, Promotores de Justiça e Defensores Públicos da Infância e Juventude – ABMP, 2010, p. 101-127.

UNICEF. **Convenção sobre os direitos da criança**, 1989. Disponível em: <https://www.unicef.org/brazil/pt/resources_10120.htm>. Acesso em: 03 nov. 2017.

UNICEF. **Relatório da situação da infância e adolescência brasileiras**. Diversidade e equidade. Brasília: Unicef, 2003. Disponível em: <http://www.unicef.org/brazil/pt/siab03_1.pdf>. Acesso em: 28 jun. 2014.

VERSIANI, D. B. Autoetnografia: uma alternativa conceitual. **Letras de Hoje**, Porto Alegre, v. 37, n. 4, p. 57-72, dez. 2002. Disponível em. <http://revistaseletronicas.pucrs.br/ojs/index.php/fale/article/view/14258/9483>. Acesso em: 17 jul. 2016.

VILHENA, J. et al. Medos infantis, cidade e violência: expressões em diferentes classes sociais. **Psicologia Clínica**, Rio de Janeiro, v. 23, n. 2, p. 171-186, 2011. Disponível em: <http://www.redalyc.org/articulo.oa?id=291022027011>. Acesso em: 03 fev. 2016.

VILHENA, J.; MAIA, M. V. M. Agressividade e violência: reflexões acerca do comportamento antissocial e sua inscrição na cultura contemporânea. **Rev. Mal-Estar Subj.**, Fortaleza, v.

2, n. 2, p. 27-58, set. 2002. Disponível em: <http://pepsic.bvsalud.org/scielo.php?pid=S1518-<61482002000200003&script=sci_arttext>. Acesso em: 06 fev. 2016.

VILHENA, J.; ZAMORA, M. H.; ROSA, C. Da lei dos homens à lei da selva. Sobre adolescentes em conflito com a lei. **Revista Trivium**, estudos interdisciplinares. Trivium (RJ, online); 3(2), p. 27-40, 2011. Disponível em: <http://www.uva.br/trivium/edicoes/edicao-ii-ano-iii/artigos-tematicos/da-lei-dos-homens-a-lei-da-selva-sobre-adolescentes-em-conflito-com-a-lei.pdf>. Acesso em: 03 fev. 2016.

WAISELFISZ, J. J. **Mapa da violência:** os jovens do Brasil. Brasília: UNESCO/Instituto Ayrton Senna, 1998.

WAISELFISZ, J. J. **Mapa da violência:** os jovens do Brasil. Rio de Janeiro: FLACSO BRASIL, 2014.

WAISELFISZ, J. J. **Mapa da violência:** adolescentes de 16 a 17 anos no Brasil. Rio de Janeiro: FLACSO BRASIL, 2015.

WINNICOTT, D. W. **Privação e delinquência.** 4. ed. São Paulo: Martins Fontes, 2005.

WINNICOTT, D. W. Retraimento e regressão. In: _____. (Org.). **Textos escolhidos:** da Pediatria à Psicanálise. Rio de Janeiro: Imago Editora, 2000, p. 347-354.

ZAMORA, M. H. Familiares de adolescentes em conflito com a lei: dinâmicas familiares e formas de apoio. In: LEMOS, F. C. S. (Org.). **Crianças, adolescentes e jovens:** políticas inventivas transversalizantes. 1. ed. Curitiba: Editora CRV, 2015, p. 72-93.

ZAMORA, M. H.; CANARIM, C. F. Direitos humanos de crianças e adolescentes: extermínio, racismo e o velho silêncio. In: SYDOW, E.; MENDONÇA, M. L. **Direitos humanos no Brasil 2009.** Relatório da Rede Social de Justiça e Direitos Humanos. São Paulo: Rede Social de Justiça e Direitos Humanos, 2009, p. 161-170.

ZAMORA, M. H.; PEREIRA, I. Adolescente em conflito com a lei e suas famílias. In: JULIÃO, E. F.; VERGÍLIO, S. S. (Org.). **Juventudes, políticas públicas e medidas socioeducativas.** Rio de Janeiro: Degase, 2013, p. 147-160.

ZUMA, C. **Terapia de família sistêmico-construtivista.** In: SEMINÁRIO PSICOLOGIA: crise de paradigma ou crise social, 1997, UERJ. Rio de Janeiro: UERJ/CRP-05, 1997, n.p. Disponível em: <http://www.noos.org.br/userfiles/file/Terapia%20de%20Fam%C3%ADlia%20Sist%C3%AAmico-Construtivista.pdf>. Acesso em: 27 dez. 2015.

POSFÁCIO

Trabalhar no sistema socioeducativo é vivenciar momentos de emoções diversas, campo intenso, impactante, demandando dedicação e resiliência para a realização de ações socioeducativas efetivas junto aos adolescentes em conflito com a lei, aos familiares e nas próprias relações interacionais entre os operadores de campo, o sistema judiciário e a sociedade.

Este livro é produto de uma análise de implicação e aprofundamento, desenvolvido em torno do sistema socioeducativo no período de mestrado em Psicologia Clínica, na Pontifícia Universidade Católica do Rio de Janeiro (PUC-RJ).

A análise de implicação, instrumental da Análise Institucional, proporciona uma leitura institucional articulada, viabilizando, nesta intervenção, uma visão de questões em torno do campo da socioeducação, em grande parte desconhecida por muitos. Minha própria história dentro do sistema, minhas implicações em minha prática e o lidar com os impasses e enfrentamentos, o poder compartilhar reflexões e promover certa mobilização no sentido de se pensar vias de transformações foi o maior impulsionador desse movimento, na busca de caminhar por dentro de uma realidade institucional que enfrenta grandes paradoxos.